如何做
用户增长
更有效

付志浩 束建华 著

電子工業出版社
Publishing House of Electronics Industry
北京•BEIJING

内 容 简 介

随着互联网用户逐渐饱和，如何在存量市场中真正找到用户增长的钥匙？在本书中，你会找到想要的答案。本书分析了用户增长的本质和影响因素，并基于此搭建了与不同产品阶段相匹配的用户增长模型，在增长模型的基础上详细地分析了如何确定产品对用户的核心价值、如何获取目标用户、如何提高用户的留存率和召回率，真正揭秘了不同产品阶段的用户增长秘诀。

本书介绍了在用户增长相关工作中遇到的大量问题和一系列真实的案例，通过对案例和实际项目的剖析帮助读者认识如何让用户增长工作真正落到实处。

本书适合互联网产品、运营、用户增长相关岗位的从业人员和对此类内容感兴趣的读者阅读。

图书在版编目（CIP）数据

如何做用户增长更有效 / 付志浩，束建华著. —北京：电子工业出版社，2020.8
ISBN 978-7-121-39195-8

Ⅰ. ①如… Ⅱ. ①付… ②束… Ⅲ. ①企业管理－营销战略－研究 Ⅳ. ①F274

中国版本图书馆 CIP 数据核字（2020）第 114514 号

责任编辑：石　悦　　文字编辑：牛　勇
印　　刷：三河市鑫金马印装有限公司
装　　订：三河市鑫金马印装有限公司
出版发行：电子工业出版社
　　　　　北京市海淀区万寿路 173 信箱　　邮编：100036
开　　本：720×1000　1/16　印张：13　　字数：240 千字
版　　次：2020 年 8 月第 1 版
印　　次：2020 年 8 月第 1 次印刷
定　　价：59.00 元

凡所购买电子工业出版社图书有缺损问题，请向购买书店调换。若书店售缺，请与本社发行部联系，联系及邮购电话：（010）88254888，88258888。

质量投诉请发邮件至 zlts@phei.com.cn，盗版侵权举报请发邮件至 dbqq@phei.com.cn。

本书咨询联系方式：（010）51260888-819，faq@phei.com.cn。

前　言

2018年9月的一天，我的一个朋友问我如何预估某个产品在未来一段时间内的日活跃用户数（简称日活；Daily Active User，DAU）。我按照自己的理解，为日活与新增和留存之间的关系建立了一个简单的数学模型，随后用这个模型进行对日活的预估。后来，我的朋友利用这个模型很好地解决了日活计算的问题。因为我在日常的产品、用户增长的工作中，经常会遇到这样的日活预估问题，还会遇到一些与日活预估相关的生命周期总价值（Life Time Value，LTV）计算、投资回报率（ROI）计算等，我就想，何不就趁这个机会整理一篇文章，详细讲讲这件事情，把它分享给更多有需要的人？

随后，我在一个平台上发表了文章《如何预估一个产品的日活》。文章在发表后，刚开始只在我自己的小圈子里得到了一些传播，我本来以为到此就结束了。后来看到文章的人越来越多，每天都有很多人给我发私信，问我如何计算日活。可能是因为我在文章中写得比较简单，很多人不太理解如何具体计算。在回答了十几个类似的问题后，为了能更好地帮助到网友，我就自己开发了一个计算日活的小程序——日活计算器，只要输入对应的数据就能得到预估的日活。在有了日活计算器后，我基本就不用再回答如何计算的问题，只要把计算器发给提问题的人就可以了。

此后，有些读者在私信中开始吹捧我是“增长大神”，也有些读者想让我发表一些关于用户增长的文章。我当时看了市面上一些讲用户增长的书和文章，觉得都非常“高大上”，它们喜欢用一些特别高级的词和概念，但是我觉得我做的用户增长似乎更接地气，就试着按照自己的理解，开始分享一些自己做用户增长的心得，在我的微信公众号“南村小付”和其他一些平台上的文章，获得了不错的浏览量和反馈。

有一天，我收到了一个编辑的私信，希望让我写一本用户增长方面的书。后来，我写了目录和样章，通过了审核，当时想那就把自己想写的写完吧，应该不难，于是签订了出版合同，正式开始本书的写作。

写作是从 2019 年 9 月正式开始的。我平时加班比较多，所以几乎只能利用晚上和周末的时间写作。在写作的过程中，我越来越发现，想要系统性地阐述用户增长，不是一件简单的事情。我以前写作很随性，没有太多的规划。我不得不要求自己更系统地思考，然后阐述，思路不能太死板，但也不能毫无目的。对于某些章节，我写了删，删了写，反复修改了很多次。在完全没有写作灵感的时候，我一天都写不了 100 个字，很多次想过放弃，但是好在坚持下来了。终于在 2019 年年底的时候，我完成了本书的初稿，本以为可以轻松些，但是编辑在检查后，提出了一些修改意见，后续的修改又是一个漫长的过程，我不得不从全书的角度思考各个章节的联系，全局考虑每个章节的内容。幸运的是，我最终交出了这份书稿，虽然不完美，但是尽了自己最大的努力。

在本书的写作过程中，我系统地总结了用户增长的方方面面，形成了经得起推敲的方法论，同时，结合自己之前的业务经历，对之前的工作做了全面的总结。本书中有很多我之前没有仔细考虑的内容，“迫于”书的完整性需要，我一边学一边思考，结合自己的实践，最终得到了一些实际的“干货”，实现了自己的承诺——“尽量写干货，不写假大空”。

我非常感谢那些曾经在产品、用户增长方面给予我帮助的朋友，感谢“南村驻京办”的各位朋友的讨论和思考，感谢 BIGO、阿里巴巴、快手的各位同事曾经给予我的帮助，还要感谢我的父母和我新婚的妻子欣欣在这个过程中给予的包容和鼓励。

本书的另一位作者束建华结合多年的软件工程实际教学经验，重新修改了本书的章节结构，并负责部分章节的撰写和校改。

最后，希望本书能够让你对用户增长有更具体的认识，如果能够引发你的思考，并对你的工作有所帮助，那么将是我最大的荣幸。不论你有任何问题，都欢迎关注“南村小付”微信公众号，大家一起交流、讨论。

付志浩

Contents 目录

第1章
用户增长时代

1.1 什么是用户增长

最近几年，用户增长、增长黑客（Growth Hacker）大量被提及，很多公司开始设立用户增长部门和对应的增长岗位。据我观察，目前不同的公司对于用户增长的理解还是不太一样的，有的公司把原先的用户获取团队，比如市场团队或者投放团队、渠道团队改编为增长团队，但是他们还是主要做着原先投放的工作，可能是因为这些工作看起来与用户增长关系比较大；还有的公司把社媒运营团队称为用户增长团队，因为他们在做很多与社交裂变相关的活动。这些不同定义的背后反映出两件事，一件是每家公司原有的业务团队的组成和工作方式不太一样，另一件就是大家都意识到了用户增长的重要性。

用户增长，也称为增长黑客，起源于硅谷。2010 年，肖恩 • 埃利斯（Sean Ellis）首次提出了增长黑客的概念。当时他在 Dropbox 公司负责用户增长，用了一年左右的时间大大地提升了 Dropbox 公司的用户数和 Dropbox 工具的使用频次。后来，肖恩 • 埃利斯用自己的一套增长方法论帮助很多公司实现了用户增长。因此，很多公司想请他帮忙做用户增长，于是肖恩 • 埃利斯便开始提供这种用户增长的服务。当他希望通过招聘找到更多做类似工作的人时，发现在现有的人才市场中很难找到类似的岗位和简历，因此他调整了招聘的策略和方向，发表了一篇题目为《为你的创业团队找一个增长黑客》的文章，增长黑客的概念第一次被提出。

我们在看到用户增长的时候，有时只看到了增长，却忽视了用户。从我的经验来看，我一开始是产品经理，负责把握用户需求，设计和迭代产品，后来慢慢地接触了运营、投放、商务等其他部门。我经历过从 0 到 1，再到 100 的产品，经历过大日活量级的产品，也经历过很多失败的项目。从整个过程来看，我觉得对于用户增长来说，如果忽视用户，那么增长就是无根之木。所以，如果在公司的用户增长团队中，没有人负责用户，那么这个增长团队应该就是一个传统的渠道团队。

其实在还没有用户增长这个明确的岗位定义前，这个岗位的工作就已经有人在做了。他们在很多时候就是公司的 CEO 或者团队的核心产品经理，定义用户、探索增长。在前几年，定义用户和探索增长这两件事情可以分得很开，因为你在定义了一批用户、明确了他们的需求后，会发现在没有竞争的“蓝海”中，用户数量可以野蛮增长。但是随着国内互联网新增用户的减少，竞争越来越激烈，互联网进入了下半场。因此，在一片“红海”中，我们不仅需要定义清楚用户和需求，还需要与增长紧密地联系在一起。随着行业的发展，出现了新分工——用户增长。

1.2 互联网的“红海行动”

1.2.1 互联网驶入“红海”

2016年，王兴首次提出了“互联网下半场”的概念，几年过去了，正如他所言，国内的互联网用户数量慢慢接近了天花板。如图1-1所示，中国移动互联网的月度活跃设备规模在2019年2月接近11.4亿个后，在随后的第二个季度中下跌200万个左右，首次出现负增长。

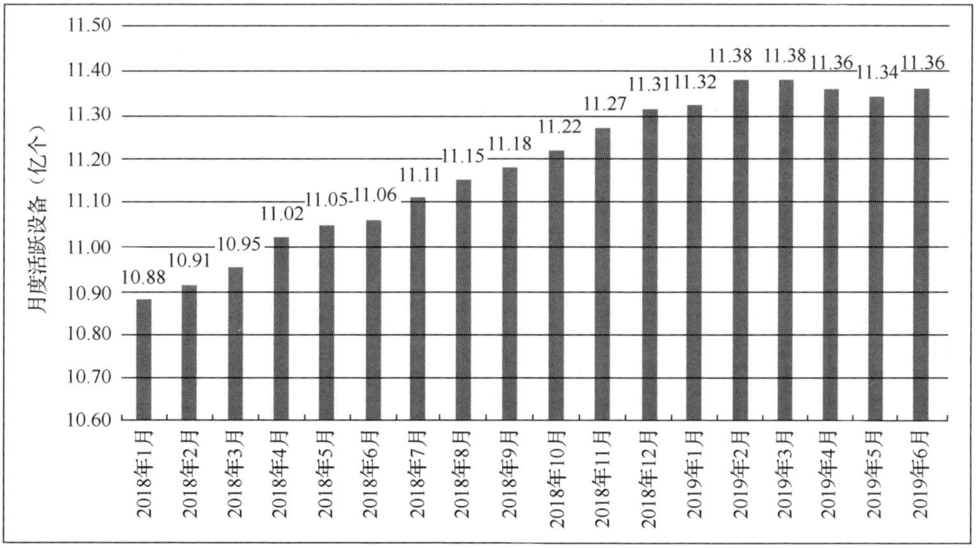

图1-1 2018—2019年中国移动互联网月度活跃设备规模趋势

用户使用时长增长的趋势也在放缓，如图 1-2 所示，2019 年 6 月同比增长率只有 6%。

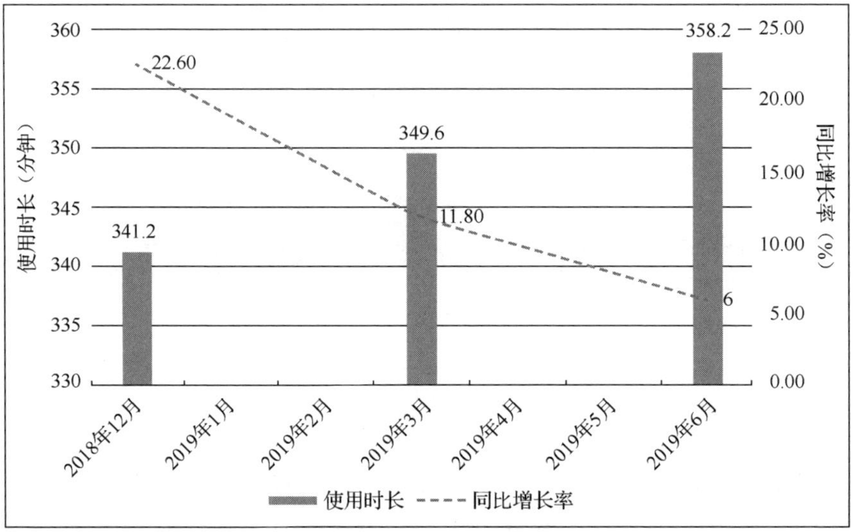

图 1-2　2018—2019 年中国互联网用户月人均单日使用时长

由此可见，存量市场的竞争已经到了白热化的地步，中国的互联网早已离开“蓝海”，驶入了“红海”。人口红利逐渐消失，是互联网进入“红海”的标志。在互联网刚起步，特别是移动互联网刚起步的几年里，很多巨头企业如雨后春笋，如美团、小米、滴滴、字节跳动、快手等，它们的崛起无不是在国内市场的大环境下，依靠庞大的新增用户流量，结合自身的战略，以及满足多样化的需求而在行业中迅速占有一席之地的，它们都是移动互联网红利的受益者。

随着用户红利慢慢消失，互联网的用户获取成本飙升，同时伴随着相近业务的竞争更加激烈，很多公司进入了一个比较艰难的时期。从 2018 年开始，很多公司慢慢转向了海外业务，去寻找更多的机会。比如，字节跳动、YY、快手、滴滴、百度、阿里巴巴、腾讯都开始了“出海”的尝试，有的公司甚至将主营业务转向了海外。国内的竞争似乎有点让人“窒息”，那么国内还有机会吗？如果有，又会在哪里？

1.2.2 机会永存

在“红海”中的互联网行业还有没有机会？我觉得我们不能被竞争激烈的大环境困住，外部环境固然重要，但是对于我们的业务或者产品是否有机会，我觉得可以从以下两个角度考虑。

1. 用户是否在变

每年的跨年晚会都是各个电视台激烈竞争的舞台。各大卫视会在这一天聚集众多明星，都想为全国的观众奉献一场精彩的晚会，进一步扩大卫视的影响力、提高商业价值。2019 年的跨年晚会多达 13 场。但是在 2020 年的跨年晚会中，有一场晚会让很多人特别是年纪较大的人有些惊讶，那就是哔哩哔哩（bilibili，俗称“B 站”）的跨年晚会。这场晚会占据了多个新闻媒体的首页，获得了铺天盖地的报道，获得了极大的关注和影响。人们在感叹“95 后”“00 后”的创造力和想象力。游戏和动漫这些曾经不被主流媒体或者普通人群接受的“新物种”慢慢地走入了大众舞台的中心，变成了次主流。这些变化的本质是那些“小孩”长大了，他们有了越来越多的话语权，更愿意表达自己。图 1-3 所示为“B 站”2020 年跨年晚会中的虚拟偶像洛天依。

图 1-3 “B 站”2020 年跨年晚会中的虚拟偶像洛天依

只要用户在变，年轻的用户在成长，就为所有产品提供了机会，因为这些不同年龄的用户之间有天然的代沟，年轻人有自己的文化和潮流，会形成自己的圈子，色拉布（Snapchat）可以从如日中天的 Facebook 中切中年轻用户，中国的年轻用户们的社交方式也不是微信而是 QQ、“B 站”等。

如果我们能跟着用户变，就一定能找到新的机会。好利来蛋糕是中国规模较大的连锁蛋糕店，成立于 20 世纪 90 年代。创始人最初的想法很简单，就是方便人们购买精品蛋糕。经过数十年的发展，好利来在全国开了很多家门店，但是遇到了很多问题。2011 年，好利来开始进行“黑天鹅”高端店的尝试，但是全国仅有 10 家店，远远未及预期。他们在把品牌和产品升级瞄准到真正的年轻用户后，找到了一条不一样的路。好利来把新的品牌定位在年轻的女性群体中，聚焦于这些爱美的用户，为她们打造了极致之美的产品，无论是品牌外显，还是店面、服务和产品都进行了全新改造。店面的服务员穿着浅蓝色的连衣裙，门店一定是整条街最明亮的那一家，整体风格采用了“和风”的风格，选用了更精致的货架、托盘，使得颜值大大提升。产品以玫瑰和芝士系列为主，其中“半熟芝士”更是成了“网红”产品，很多年轻女性先被“种草”，然后就开始“拔草”。好利来在变年轻这方面打了非常成功的一仗。

用户在成长，年轻人最终会成为主流，并且天然地和上一代人产生代沟，所以产品的机会一定会存在，就看你是否真的懂他们。在这一点上，大公司和创业公司的思路是一致的，但大公司之前的优势很可能会成为负担。未来已来，只是尚未流行。

2. 用新方法解决老问题

随着时代的发展，新的技术、新的模式不断地涌现，这些都是机会存在的原因。

柯达胶卷的例子想必大家都知道，随着数码技术的发展，数码摄影成了主流，胶卷被时代无情地抛弃了。令人惊讶的是，发明数码相机的是柯达。柯达害怕新技术给胶卷收入带来影响，将发明的数码相机锁在仓库中，大大延缓了数码相机的面世。可是，用新方法解决老问题是不能避免的，所以最终柯达没能逃脱破产的命运。直到柯达破产的最后一天，生产的胶卷质量都是最好的，只是人们不需要它了。

最近几年，国内很多大品牌的杯装奶茶销量大减，方便面的销量也在持续下降，这些原本满足了人们快速、方便食用需求的商品遇到了新对手，那就是看似完全没有关联的外卖。随着外卖的兴起，很多用户在想喝奶茶或者吃饭的时候，到外卖平台点餐即可。这就是典型的用新方法解决老问题。

新的技术在不断地出现，在 4G 时代之前，我们很难想象移动互联网给整个社会带来的改变，带来了这么多新的商业模式和巨大的机会。滴滴、字节跳动、快手等公司都在 4G 时代获得了巨大的利益。当新的技术出现时，一定可以产生新的机会。

总结一下上述的两个观点：当用户在变的时候，需求就会产生变化，即使是相同的需求也一定需要一个有别于之前的承载方式；另外，利用新技术解决老问题是亘古不变的主题，主体的需求其实并没有产生大的变化，变的只是实现方式而已。

1.3 成为“首席增长官”

1.3.1 为什么要了解用户增长

在前面的章节中提到了机会永存，但是在面对“红海”的情况下，用王兴的话说，我们无法再依靠红利、资源和战略快速带动发展，只能依靠扎实的基本功。这些基本功就包括了用户增长。

我们在说用户增长时，经常会下意识地说增长而忽视了用户。我们应该把用户增长分开来看，首先，来看看用户增长中的“用户”。我们在想到用户时应该注意以下问题：

- 我们的产品到底面向什么用户？他们是谁？
- 我们为他们解决了什么问题？

- 我们为他们提供了什么价值？
- 用户在什么场景下会使用我们的产品？

这些问题都是我们在做一个产品时必须回答的问题，可能一开始没有答案，但是在做的过程中，一定要慢慢地想清楚，探索明白，否则这个产品在用户中是立不住的。如果立不住，就不用谈后续增长了。

其次，我们再来看用户增长中的“增长”。这里的增长包含了以下几个问题：

- 用户在哪里？
- 用什么方式可以最有效地触达他们？
- 在解决用户的问题上是否做到了极致？

上述这些问题是我们在用户增长过程中必须面对和解决的问题。很多人提到用户增长或者增长黑客，总觉得应该有某种“黑科技”，可以瞬间提高用户体量。这是不现实的，甚至是一种误解。对于增长黑客中的“黑客”，我理解是一种极客的精神。我们要搜寻事情的本质，抓住主要问题，用最低的成本解决问题，达到最好的效果。

其实，从上面的总结来看，用户增长要从产品本质出发，对用户增长的任何方面，我们都需要了解甚至亲自操刀。这也说明，用户增长对个人的素质要求非常全面，需要有产品、运营、技术、数据、商业等方面的能力储备。在互联网的今天，越来越多细分的岗位出现了，比如活动运营、工具产品经理、内容运营、社交产品经理等，这些岗位在以前可能都会笼统地包含在产品经理、运营经理之中。岗位的细分说明越来越多的岗位的职责被清晰定义，岗位所需要的能力和所做的事情也被详细定义了，就像模块化的组件一般，这种被模块化的东西一定是极容易被替代的。目前，国内很多产品经理的工作已经变成了只做最基本的模块化功能设计，比如设计一个登录系统、设计一个管理后台、设计一个通信工具等。很多技术工程师的工作也是如此，现在国内极为流行的“中台化”思路，将所有可复用的模块变成中台系统，比如用户系统、直播系统、拍摄器模块。业务部门只需要知道自己需要什么样的功能，然后像搭积木一样将各个模块拼装在一起，就可以在短时间内发布一个新产品。这就是对技术人员的替代。另外，在中台的模块中，产品在设计上通常是可选的。这对于产品经理本身也是一种替代。

因此，为了在竞争更为激烈的“红海”时代生存以及更好地提高自己的行业竞争力，我觉得所有的互联网从业者都应该了解用户、探索增长。这些都是从业务或者产品最本质的逻辑去思考的。只有这样，个人的发展才能突破模块化的限制，获得更多可能的机会，从而让自己的路越走越宽。

1.3.2 做自己的首席增长官

除了做产品需要用户增长的思维和角度，在我们日常的工作生活中，如果从用户增长的角度来看，做自己的首席增长官，也会有不一样的发现。

我们在工作中要想清楚用户是谁、我们能为用户解决什么问题、提供什么价值。当我们需要向用户交付时，一定要看重交付内容。比如，对于产品经理和运营人员来说，在需求评审时，我们的用户就是开发人员、设计人员，交付的价值就在于条理清晰地宣讲产品需求文档，所以在交付给用户的时候，一定需要完善的文档、清晰的依据和逻辑，以及对细节的描述。但是在我们向老板汇报的时候，老板的需求是能快速地知道我们当下在干什么，以及为什么这么干，所以在这个时候过多地描述细节，可能并不是一个好的用户体验，老板只在乎事情的背景和下一步的动作。我还记得刚工作的时候，在向老板汇报工作进展时，完全没有同步背景，一开场就沉浸在产品的细节中，没有抓住重点和老板关心的东西，把老板说得云里雾里，站在老板的角度来看，用户体验极差，最后整场汇报非常失败。

我们还特别容易在工作中陷入一种“就业”的状态，就是每天做着机械的工作，按照老板或者领导布置的任务去做一些具体的事情，把老板的话当作“圣旨”一样去执行。我曾经遇到开发团队为了帮老板修改一个问题，导致普通用户的体验严重下降。有的时候甚至是老板一句随口而出的话也会被机械地执行，即便老板说的也许明显是错的。

我有过这样一次经历，某广告平台的负责人在年底提出要超额完成营收目标，团队中的员工在执行的过程中，通过不断调大广告展示的区域，并且调小用户点击关闭广告的热区，导致很多用户本来想关闭广告，结果变成点击查看广告，从而提高营收。这种调整对于用户的体验可想而知，利用这些方法就是没有想清楚到底自己的用户是谁。他们认为用户就是负责人，从未考虑过对真正用户的影响。在这一点上阿里巴巴做得非常好，阿里巴巴有这样一个价值观：客户第一，员工第二，股东第三。这就是要让全公司的人都知道谁是自己的用户，当用户的利益和员工、老板的利益发生冲突时，应该如何决策。

只有抛弃“就业”的状态，找到自己的用户，全心全意为他们服务，才能在工作中发挥和创造更大的价值。我特别佩服快手、抖音上的很多“网红”，他们为了能够让用户喜欢自己，会想尽办法构思和拍摄视频，不断地琢磨不同拍摄角度和音乐节奏对用户的影响，进而创造出最好的效果，让用户满意。这就是一种从用户出发去思考和做事的态度，才是工作应该有的状态，只有从用户角度出发，才能真正进入这种状态。

除了在工作中，我们在日常的生活中也要如此。如果我们能在生活中找到自己的用户，并为其提供价值，就能够让用户从 1 个增长到 1000 个，甚至 10 000 个。一旦你能找到这么多用户，并为他们提供价值，那么必然也会得到不菲的回报。新东方的俞敏洪、好未来的张邦鑫都是从一个辅导班开始的，一开始只服务几个学生，到后来服务数十万个学生，最终缔造了几百亿美元市值的公司。我始终相信，只有找到自己的用户，为他们服务，想他们需要什么、哪里用得不舒服，才能创造出价值。有很多创业团队和项目在开始的时候只想着如何从用户那里赚钱，但是完全没有确认自己是否真的能够为用户解决一些问题、提供价值。所以，很多创业项目从刚开始的时候就注定了不会成功。

从用户出发，说起来非常简单，但是做起来是非常困难的。每个人都有极强的自我意识，非常容易从自己的角度出发看待问题，特别是当取得了一些成就后，这种自我意识会更强，一切从用户出发就变得更加困难了。我们要找到用户，站在用户的角度思考问题，为他们提供价值，探索用户增长，最终才能得到应有的回报。

第2章

用户增长模型

2.1 搭建用户增长模型

在开始着手做用户增长之前，我们要明白用户增长是一个用户数量从少到多的过程。我们只有认真地研究这个过程、了解这个过程，才能知道如何着手做用户增长。了解用户增长的过程，就像在修理一些机械系统时，只有知道所有部件之间的关系，才能在系统遇到问题时拆解和修理，做用户增长的方法也与此类似。

那么，我们应该如何研究用户增长过程呢？首先，我们需要尝试描述这个过程。我们在描述一些现实过程时，会用到数学建模的方法，通过科学的假设把一个复杂的物理系统、社会学过程转化成一个可定量计算的数学系统。

如图 2-1 所示，数学建模就是根据实际问题建立数学模型，对数学模型进行求解，然后根据结果解决实际问题。当需要从定量的角度分析和研究一个实际问题时，我们就要在深入调查研究、了解对象信息、做出简化假设、分析内在规律等工作的基础上，用数学符号和语言建立数学模型。

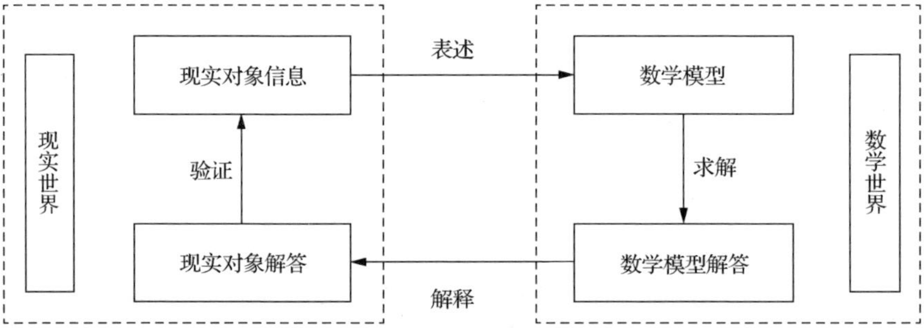

图 2-1　数学建模系统

我们可以尝试对用户增长过程进行数学建模。当我们掌握用户增长模型后，就能从中发现很多用户增长的方法。那么如何对用户增长过程进行数学建模的描述呢？我们先从一个“老板的问题”出发。

2.1.1 从“老板的问题”出发

如果你是一名产品经理或者与用户增长相关的运营经理、渠道经理，那么在日常工作中，特别是在项目立项、项目定期回顾和确定目标的时候经常会被老板问到下列问题：

- *我们在未来三个月能达到多少日活？*
- *需要花多少推广成本才能达到××万日活？*
- *什么时候我们才能让投资回报率大于1？*
- *我们现在遇到的最大增长瓶颈是什么？*

其实不只是老板，在项目的迭代过程中，与我们一起工作的同事甚至我们自己也会经常问这些问题。这些问题在本质上都是与用户增长相关的。在一个产品生命周期中，我们都必须经常面对和考虑这些问题。

要想很好地回答这些问题，我们必须理解用户增长过程的本质，需要能准确分析和描述用户增长的过程，也就是前面提到的用户增长过程建模。

在知道了用户增长的模型，并且能够分析和预测用户增长的过程后，自然就能知道在未来可以达到多少日活，也可以根据日活目标倒推出需要花费的成本。同样，当知道日活后，每日的收入和成本数据自然也是容易知道的。最后，我们也可以发现遇到的增长瓶颈是什么。

因此，所有的问题最终都指向另一个问题——用户增长的模型是什么？只有了解了这个模型才能更有效地回答“老板的问题”，并且真正地解决这些在用户增长中遇到的问题。

在进行用户增长的数学建模之前，我们必须对用户增长中的“用户”有更深入的理解。用户增长的衡量标准在很多时候就是日活，它是用户增长的重要衡量标准。对互联网有一些了解的人在听到日活时，会很自然地想到每日的活跃用户，但是这个定义是有歧义的。我们先来更深地了解日活是如何定义和计算的，这是对用户增长进行建模的概念前提。

2.1.2 重新认知用户增长的衡量标准——日活

几乎所有的公司和产品都会用日活数据衡量一个产品的增长情况。日活是我们做用户增长需要重点追逐的目标，很多公司甚至直接把日活作为公司的目标。比如，2019 年 6 月 18 日，快手 CEO 宿华在给员工的内部信中，明确地给出了用户增长的目标：在 2020 年春节之前达到 3 亿日活。在互联网“红海”的今天，日活代表着产品的市场规模，在一定程度上也代表着产品价值或公司估值。很多风投机构在对创业公司进行估值时，就用创业公司产品的日活乘以一个固定的用户价值系数得出。

日活是日活跃用户数的简称。这是我们感性的认识，那么我们从数据后台或者数据日报中看到的日活数据到底是怎么被计算出来的呢？日活在本质上是一个统计数据，和我们统计一个按钮的每天点击人数是一样的。不过对于日活的统计维度，很多产品和公司是不太一样的。日活一般分为后台日活、前台日活和行为日活。

后台日活一般将所有在后台有行为的日志都算作日活的范围。我们都知道，很多 App 在我们没有主动打开时，特别是在 Android 系统上，会偶尔向后台发送一些请求，做一些缓存或者推送的准备，所有这些行为都会被算在后台日活的统计范围里。

前台日活和后台日活最大的不同就是统计的日志范围不一样，前台日活的统计日志一般仅包括用户主动打开 App、展示了前台界面元素、在 App 内做过实际操作等。由此，我们知道后台日活一般比前台日活大得多，并且前台日活才有实际意义，单纯的后台日活意义不大。因为前台日活才代表用户真正使用了产品，而后台日活则不一定。之前出现过一些公司为了提高公司估值，直接用后台日活作为产品日活。

除了后台日活和前台日活，还会有一些单纯的行为日活，这是在更细致地分析产品功能时才会使用的。比如，快手除了统计一般意义上的前台日活，还会统计拍摄视频用户的日活、进行直播用户的日活等，这些具体的行为日活，是更细化反映产品各个功能的使用情况的统计，在数据分析中有着独特的意义，后续章节会更详细地讨论细分日活的意义。这里以某短视频 App 为例，列举各种日活的定义，如表 2-1 所示。

表 2-1　某短视频 App 日活示例

日活指标	定义	意义
前台日活	包含如下日志行为中的一种：主要界面曝光日志、视频播放日志、主要入口点击日志	每日使用 App 的真实用户数
后台日活	除了前台日活的日志，还包括任何请求后台接口的日志、主动上报到后台的心跳日志	潜在的活跃用户数，日活的上限值
视频消费日活	有视频播放的日志	表明视频播放行为的活跃度
视频生产日活	有上传成功作品的日志	表明生产用户的活跃度

通过上述分析，我们知道了日活的定义以及不同定义之间的区别。因为不同产品的用户行为不太一样，为了更广泛地讨论，本书所讨论的日活在没有特殊前缀下专指 App 的前台日活，即一般意义上的用户主动使用过产品的日活。

2.1.3　搭建用户增长模型

在开始对用户增长进行数学建模前，我们需要知道增长或者日活的影响因素有哪些、哪些因素对日活影响较大，以及哪些因素对用户增长的影响不大可以忽略。

从较大的方面来看，影响日活的第一个因素是每日的新增用户，这是所有活跃的源头。在理想情况下，如果每日的新增用户在后续的时间里每天都活跃，那么日活就是累计的新增用户数量之和，也就是累计的安装用户数量。

当然，这种情况在现实中并不存在，新增用户在使用过产品后，在自然情况下不可能所有的用户每天都能再使用产品。在这些用户中，有的人在首次使用后并不觉得每天都需要使用，这种的就是典型的低活跃用户；还有部分用户在使用过几次之后就再也不回来了，这种的是流失用户。

因此，影响日活的另一个重要因素就是用户流失。因此，我们可以定性地把日活比作图 2-2 所示的水池系统中水位的高度，进水口相当于源源不断的新增用户，出水口就是流失用户，水位的变化过程就是用户增长的过程。

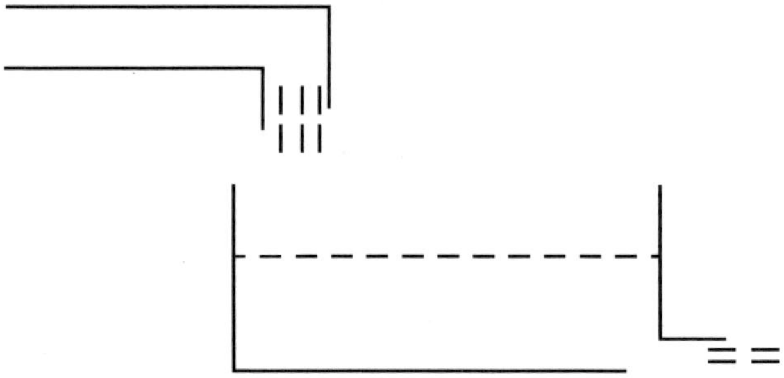

图 2-2　水池系统

当流入量大于流出量的时候，水位就会上涨，即日活增长。当流出量大于流入量的时候，水位就会下降，即日活下降。当两者相等的时候，水位保持不变，日活就保持不变。因此，我们可以知道，要想日活增长，流入量必须大于流出量。

日活是由流入量和流出量组成的，更细化地说，在每天的日活中都有着之前所有天的新增流入，也有着之前所有天的流失。从这个角度分析，我们可以尝试建立一个与水池模型相比更准确的数学模型。

在前面提到，每天的日活中有着之前所有天的流失量，那么如何定义这种流失呢？其实这就是留存的概念。昨天的新增用户今天流失了一部分，剩下的就是一日留存用户，即次日留存用户，前天的用户在今天剩下的就是二日留存用户，以此类推，我们就可以用多日留存用户的概念描述用户的流失了。

基于此，某一天的日活的组成，我们可以看作当天的新增用户加上前一天新增的次日留存用户，再加上大前天新增的二日留存用户……以此类推，我们可以认为日活是**“当天的新增用户和此前每一天新增且在当天留存的用户之和”**。基于此，我们可以用一个很简单的公式表达日活：

$$\text{DAU}(n) = A(n) + A(n-1)\times R(1) + A(n-2)\times R(2) + \cdots + A(2)\times R(n-2) + A(1)\times R(n-1)$$

式中，$\text{DAU}(n)$ 为第 n 天的日活，$A(n)$ 为第 n 天的新增用户数，$R(n-1)$ 为新增用户在第 $n-1$ 天后的留存率。

假设每日的新增用户数是一个固定的数值 A，则公式可简写为

$$\mathrm{DAU}(n)=A\big(1+R(1)+R(2)+\cdots+R(n-1)\big)=A\sum_{i=0}^{n-1}R(i)$$

上述公式就是日活的一个简单的数学模型。从这个模型中可以看出，日活主要由两个部分组成，一部分是新增用户数 A，另一部分 $\sum_{i=0}^{n-1}R(i)$ 为留存率之和。

2.1.4 回答老板的问题

在上一节中我们分析并搭建了用户增长的数学模型，基于此，便可以回答老板的问题：我们的产品在未来能达到多少日活？

在用户增长的数学模型中，日活有两部分，一部分是新增用户数 A，另一部分 $\sum_{i=0}^{n-1}R(i)$ 为留存之和。那么，我们应该如何确定这两部分的数值呢？

1. 如何确定新增用户数 *A*

在前文中，我们已经做了一个假设，即每日的新增用户数是一个固定的数值，这在现实中通常是不太可能的。

新增用户一般由两部分组成：付费用户和自然用户。付费用户顾名思义就是付费购买产品或服务的用户；自然用户是指没有花费金钱自然安装的用户。如果付费用户的占比较大，那么每天自然新增的用户数基本可以控制在一个范围内，这是可以通过预测算出来的。

如果付费用户不多，自然用户占比较大，那么在排除新增自然用户量突然暴涨的可能后，基本可以用过去一段时间的新增用户数，比如一个月的平均新增用户数，预测后面一段时间的新增用户数，误差不会太大。

2. 如何计算留存率之和

留存率是一个产品最核心的指标之一，有一些特殊的性质，图 2-3 是一个产品的留存率衰减曲线。

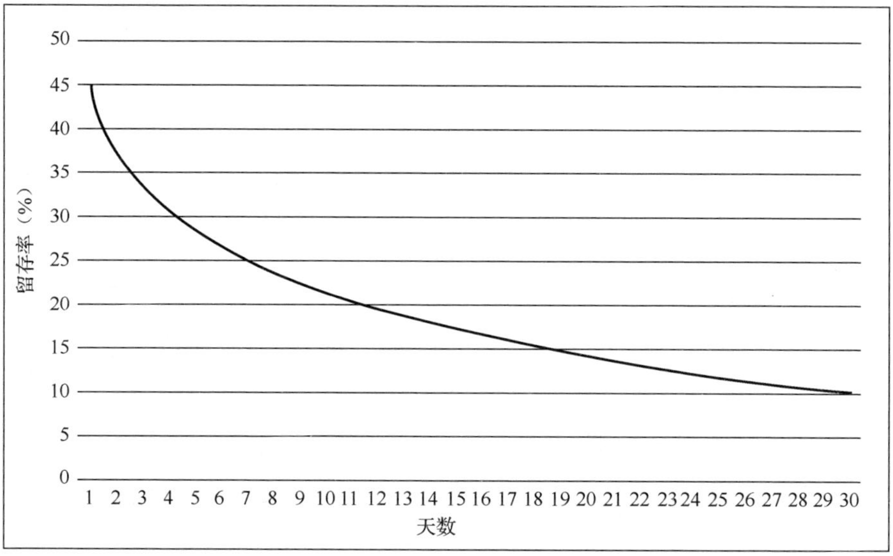

图 2-3　留存率衰减曲线

在图 2-3 中我们可以看出，留存率衰减曲线非常像对数函数曲线。其实，绝大部分产品的留存率衰减曲线都符合对数函数曲线的特征。

因此，我们可以用对数函数近似拟合留存率衰减曲线，进而可以顺利地预估出日活模型中需要的留存率之和。一般在预估一个产品的留存率之前，要有一些先验的数据基础，如果产品已经上线了一段时间，那么可以使用历史数据作为基础；如果产品还未上线，没有历史数据，因为不同类型产品的留存率和衰减速度不太一样，所以可以用同类型产品的大概留存数据作为拟合预测的参考。因此，留存率衰减曲线拟合基本会遇到以下两种情况：

- 已经知道了若干天的留存率，预估后续的留存率；
- 不知道每天的留存率，只知道次日留存率、7 日留存率、30 日留存率等数据，预估每一天的留存率。

这两种情况在本质上属于同一个问题，这里以第二种情况为例，简单说明如何操作。曲线拟合的方法有很多，这里介绍一个最简单的方法，就是利用 Excel 做一个简单的拟合计算，具体步骤如下。

第一步，假设我们知道了一个产品的次日留存率、7 日留存率和 30 日留存率，如表 2-2 所示。

表 2-2　产品的留存率

次日留存率	7 日留存率	30 日留存率
45%	25%	10%

第二步，在 Excel 中按照对应的留存天数，写出留存率，并画出散点图，如图 2-4 所示。

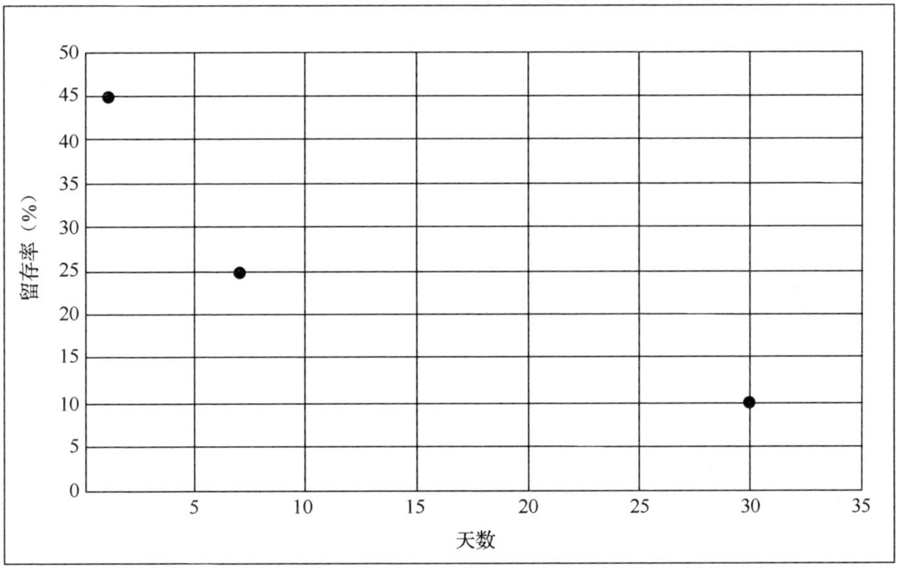

图 2-4　留存率散点图

第三步，在散点图中添加趋势线，在趋势线选项中选择指数函数，并选择显示对数函数公式。

如图 2-5 所示，在散点图中选中某一个点，然后单击鼠标右键打开快捷菜单选择“添加趋势线”命令。

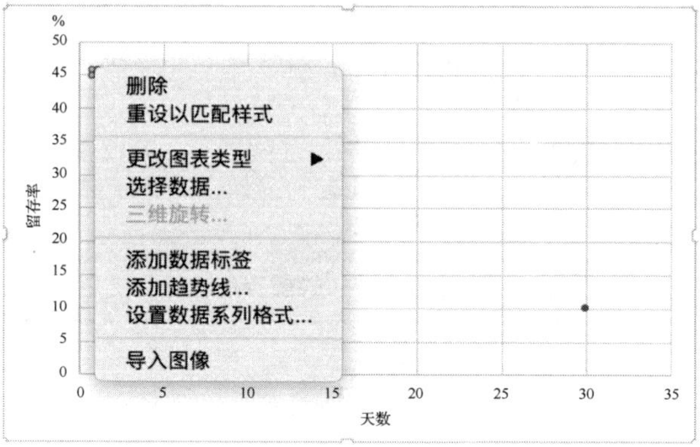

图 2-5　添加趋势线

随后如图 2-6 所示，在打开的“设置趋势线”面板的“趋势线选项”中选择“对数”选项，然后勾选“显示公式”和“显示 R 平方值”复选框。R 平方值表示散点图拟合成函数后的匹配度，R 平方值等于 1 时表现完全拟合。

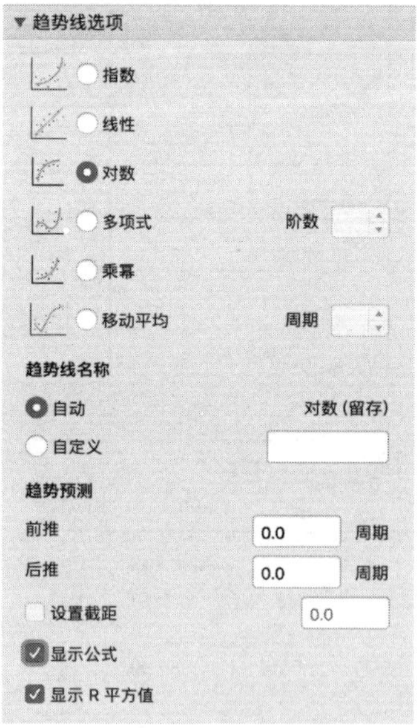

图 2-6　设置对数拟合

然后，我们就能得到一个基于对数函数拟合的函数曲线和 R 平方值。

如图 2-7 所示，得到的函数为 $y = -0.103\ln(x) + 0.4501$，其中 x 为对应的天数，y 为对应天数的留存率。

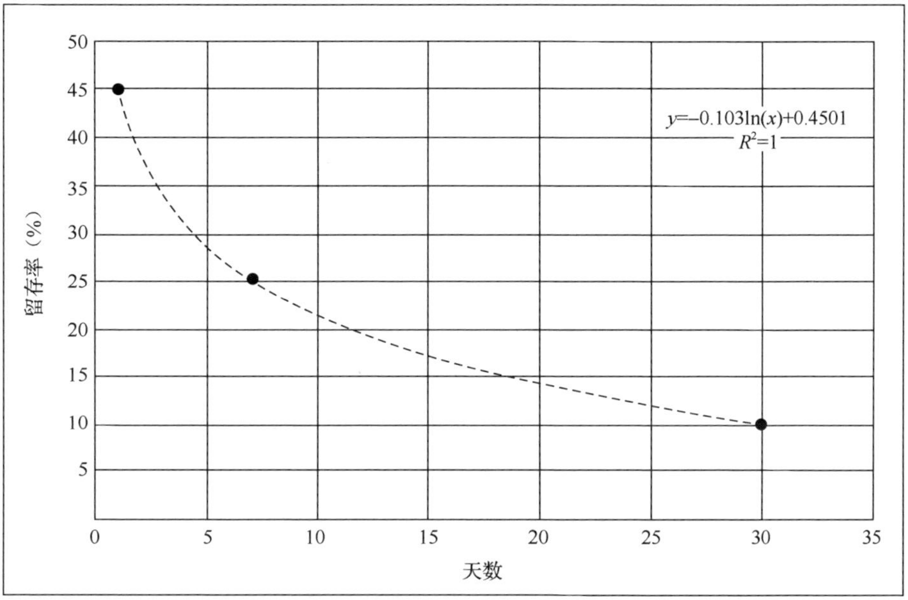

图 2-7　拟合后的函数曲线

我们尝试利用这个函数来得到每一天的留存率，计算 109 天的所有留存率如图 2-8 所示。

从图 2-8 中可以看出，到 80 天左右的时候，函数值已经小于 0 了，但是留存率的值是不可能小于 0 的。因此，对于上述的对数函数，我们必须保证函数值大于 0，修正如下：

$$y = \begin{cases} -0.103\ln(x) + 0.4501 & y \geqslant 0 \\ 0 & y < 0 \end{cases}$$

则预测的留存率的变化曲线修正如图 2-9 所示。

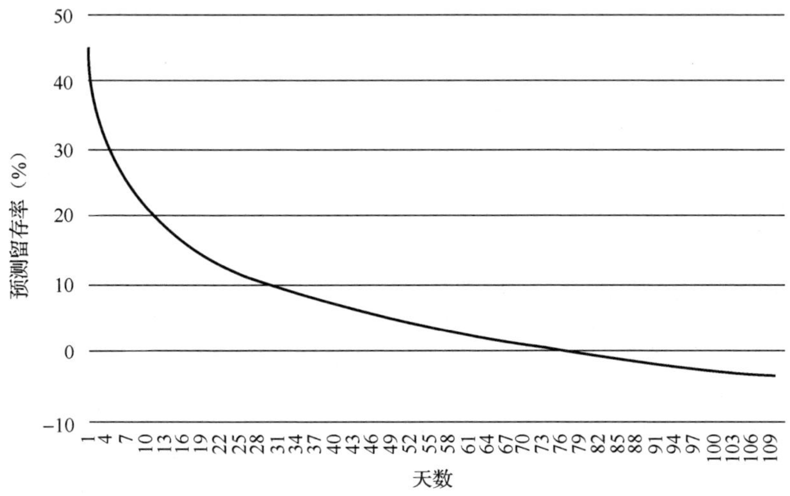

图 2-8　根据函数得到的 109 天的留存率曲线

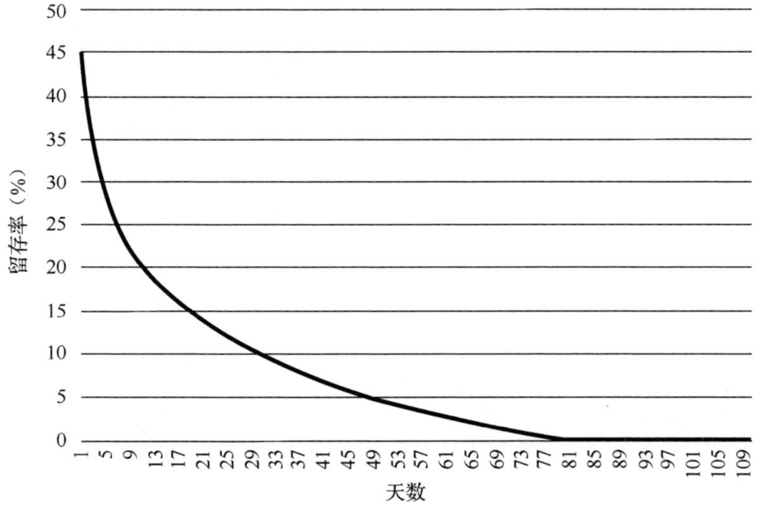

图 2-9　修正后的预测留存率曲线

第四步，基于得到的对数函数公式，可以求得所有对应天数的留存率。

基于得到的对数函数，算出对应的留存率之后，就可以简单求得留存率之和，代入前述的日活公式中：

$$\text{DAU}(n) = A\big(1 + R(1) + R(2) + \cdots + R(n-1)\big) = A\sum_{i=0}^{n-1} R(i)$$

这样就可以得到 n 天后的产品日活了，我们就可以回答老板提出的一系列问题了。同时，我们也得到了一个可量化计算的用户增长模型。

我们还需要注意，这里假设的用户增长是从 0 开始的，但是很多时候，我们在接触一个产品的时候，它已经有了一段时间的积累，有了一些日活。这个时候，新增部分的数据可以按照前文所说的情况处理，相当于从 0 开始，然后已有的存量日活用户，我们可以根据历史的活跃留存率简单乘以存量日活后加到最终的日活中。因此，日活最终比较完善的表达式应该为

$$\text{DAU}(n) = A\sum_{i=0}^{n-1} R(i) + \text{DAU}_R \times R_A(n)$$

式中，DAU_R 为存量日活，$R_A(n)$ 为活跃用户第 n 天的留存率。

2.2 如何使用用户增长模型

在 2.1 节中，我们得到了用户增长模型。它除了可以预测产品的用户增长趋势，还可以为我们做用户增长工作提供一个能提纲挈领的抓手，让用户增长的过程变得可以监控和追踪。

2.2.1 预测用户增长的天花板

在有了用户增长模型之后，我们可以立即做的就是预测目前产品的日活增长极限。在数学模型中，我们可以看到，如果 A 保持稳定，那么留存率之和会越来越大，日活会随之慢慢增长，增长的极限到底在哪儿呢？增长的极限又和哪些因素关联度比较大呢？

根据前一节的日活模型，假设在新增用户数稳定为 1000 的情况下，随着时间的增加，日活的变化情况如图 2-10 所示。

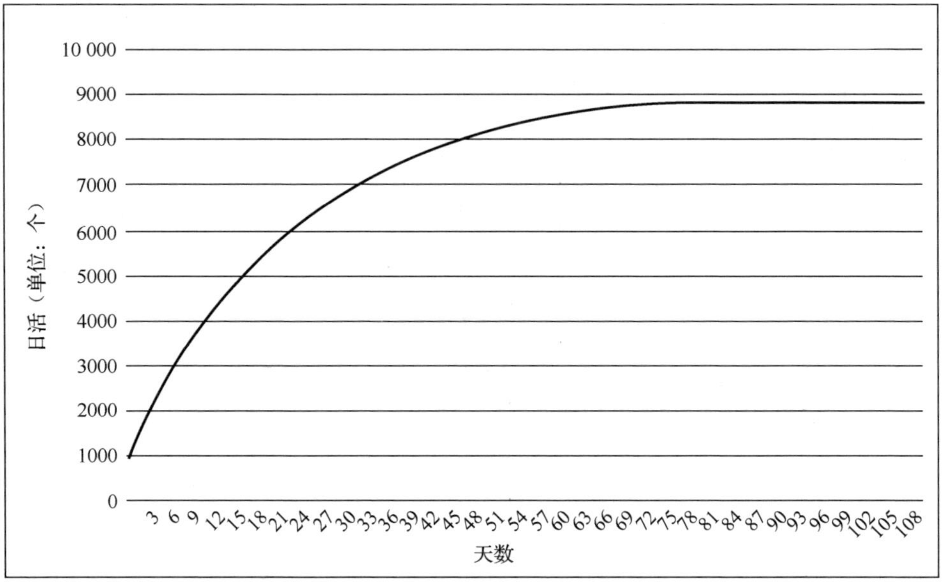

图 2-10　日活增长曲线

在图中，我们可以很明显地看出，日活在增长到一定阶段后，会稳定在一个数值上，这就是我们经常说的产品的用户增长天花板。所以在很多时候，如果我们什么也不做，产品和整体环境没有变得更好，那么基本可以预知到未来一段时间产品的日活上限大概能到什么位置。

在这里，有两个容易混淆的概念是行业天花板与产品天花板。这里预测的天花板是根据目前产品自身情况估算出的产品天花板，可能整个行业的天花板很高。行业天花板是产品的一个可能最大值，这个天花板即使很高，对日常的用户增长工作影响也不大。我们更需要关注的是在产品现状下的产品天花板，它是我们在做用户增长工作时需要解决的问题。

2.2.2　如何更有效地突破用户增长的天花板

我们如何才能突破当前的产品天花板呢？从日活的数学模型中，我们可以看出，影响用户增长的速度和天花板的因素其实有两个：新增用户数和留存率。那么，提高新增用户数和提高留存率对于用户增长的影响分别是什么呢？这两个因素分别处于什么地位？谁是主导的因素呢？我们可以通过下面的试验来研究。试验条件如表 2-3 所示，分别是提高 10%的新增用户数和提高大约 10%的次日留存率。

表 2-3 试验条件

试验	假设条件	假设条件的数据
试验 1：提高新增用户数	在现有新增用户数 1000 的基础上提高 10%	A=1100
试验 2：提高留存率	现有的次日留存率提高 10%	$y=-0.103\ln(x)+0.4501$（调整后的次日留存率约为 49.5%）

试验 2 中的留存率提高后和对照组留存率的对比曲线如图 2-11 所示。

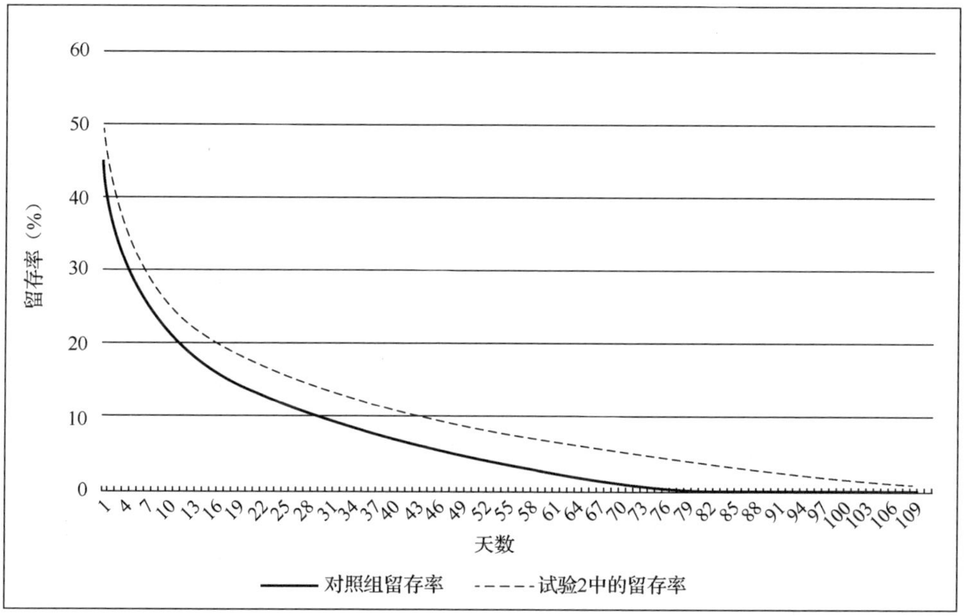

图 2-11 留存率试验对比

根据这个试验，我们可以得到的实验组日活变化如图 2-12 所示。

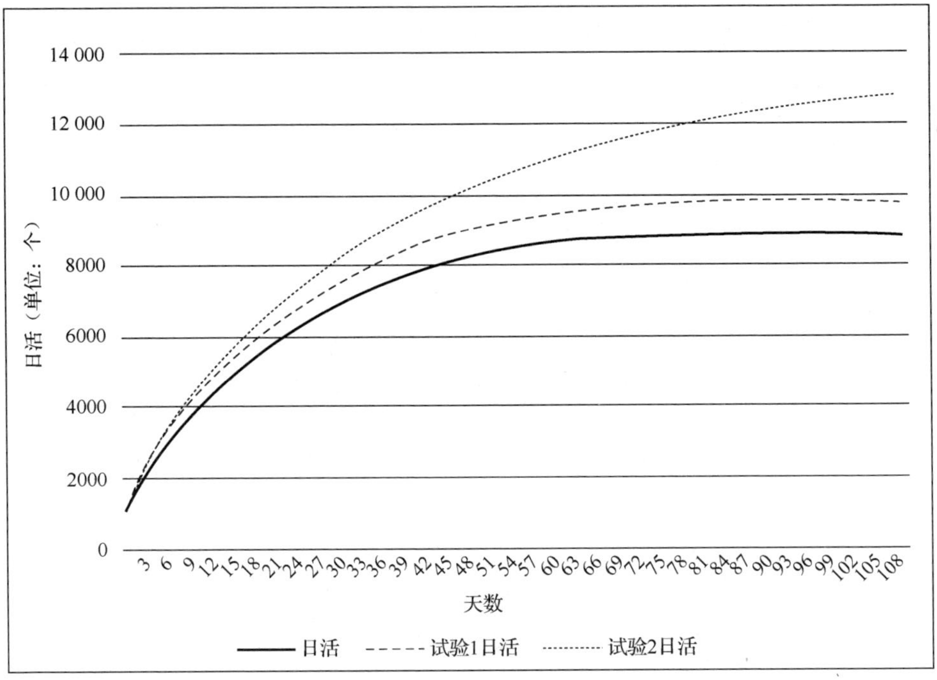

图 2-12　日活试验对比

从图 2-12 中，我们可以知道：

- 新增用户数的提高和留存率的提高都会带来用户增长天花板的提高。
- 提高新增用户数，也可以提高增长天花板，但是所付出的代价是持续不断地新增投入，并且在一般情况下新增用户数的提高往往会伴随着留存率的下降，有时候只能短期提高日活，然后很快会达到一个新的天花板。
- 提高留存率，会对日活的天花板和日活增速有十分明显的影响，并且在保证新增投入不是特别大的情况下，更高效地利用了有限的新增用户数。

因此，当我们在尝试突破目前的用户增长瓶颈时，往往先采用提高留存率的方式，特别是当有竞争的时候，如果留存率不能超过竞品或者与竞品持平，通过增加新增用户数的方式和对方竞争，往往会付出更多获取新用户的成本，最终的用户增长天花板还不一定有竞品高。

当留存率处于一个业内不错甚至领先的水平时，一方面，说明了产品或者业务本身是对用户有价值的，能够很好地解决用户的问题；另一方面，这个时候再提高新增用户数，将会在竞争中迅速甩开对手，快速占领目标市场获取目标人群。

2.2.3 用户增长中的关键路径

在前面的章节中，我们知道使用用户增长模型可以预测产品的用户增长趋势，预知用户增长的瓶颈。同样，我们还可以使用用户增长模型判断突破瓶颈不同的方法在收益上的回报是否能与付出的成本相符，从而进行增长优先级的判断。除了这些，用户增长模型还可以为我们做用户增长工作指明关键的路径。用户增长模型的数学表达式如下：

$$\mathrm{DAU}(n)=A(n)+A(n-1)\times R(1)+A(n-2)\times R(2)+\cdots+A(2)\times R(n-2)+A(1)\times R(n-1)$$

在上述模型中，我们可以知道，日活用户的组成是由今日的新增用户和此前每天留存下来的用户组成的。根据留存时间长短，我们可以把用户分为短期留存用户、中期留存用户和长期留存用户三部分。表达式可据此改写为

$$\mathrm{DAU}(n)=A(n)+\sum_{i=1}^{l}A(n-i)R(i)+\sum_{i=l+1}^{k}A(n-i)R(i)+\sum_{i=k+1}^{n-1}A(n-i)R(i)$$

式中，$A(n)$ 为当日新增用户数，$\sum_{i=1}^{l}A(n-i)R(i)$ 为短期留存用户数，$\sum_{i=l+1}^{k}A(n-i)R(i)$ 为中期留存用户数，$\sum_{i=k+1}^{n-1}A(n-i)R(i)$ 为长期留存用户数。对于短期留存用户数、中期留存用户数和长期留存用户数的定义，不同的产品或者业务形态会有一些差异。我们一般将短期留存用户数定义为7日以内的用户数，中期留存用户数定义为8～30日的用户数，也即$l=7$，$k=30$。日活用户的组成如图2-13所示。

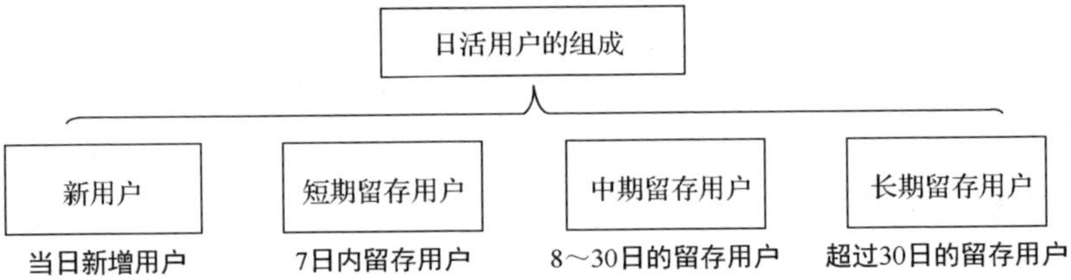

图 2-13　日活用户的组成

也可以说，这是由用户增长模型拆分得到的用户组成。当产品处于不同阶段时，日活用户的组成部分和对应的比例是不一样的。

因为组成和比例不同，所以对应的重点是有差别的。下面分别从产品的起步探索到用户增长最终稳定的整个过程分析不同阶段的用户增长主要路径。

1. 产品探索期

处于探索期的产品是第一个正式版本或者更早进行内部测试的产品，此时的产品更多的是一个初步想法的原型，处在验证用户需求的阶段。这个时候最重要的事情不是怎么快速地做用户增长工作，而是找到目标用户，验证需求是否真的被高效满足了，从而找到需要为用户解决的本质问题是什么。在这个阶段里，日活用户大部分是由新用户和特别短期的留存用户组成的。

埃里克·莱斯在《精益创业》中引入了最小可用产品（Minimum Viable Product，MVP）的概念，即可以验证产品设想的最小原型。在产品探索期，我们应该尽可能快地设计出最小可用产品。

比如，Dropbox 在创业初期通过一个介绍产品如何应用的视频来验证用户的需求；多抓鱼在创业初期，在产品上线前，创始人靠着在朋友圈发布信息并通过 Excel 管理交易信息完成了最小可用产品。

很多人对最小可用产品有一些误解，觉得它一定是简陋的，甚至 bug 频出。从我之前的经历来看，一个优质的最小可用产品最基本的前提是可用性，它可能没有其他非主要的路径，但用户主路径一定是完善的，并能提供不错的用户体验，能够将产品设想准确地传达给用户。这非常重要，不然很多测试都是无用的了。

马克·安德森在自己的博客中定义了这种验证需求的状态，叫作产品-市场匹配（Product-Market Fit，PMF），如图 2-14 所示。

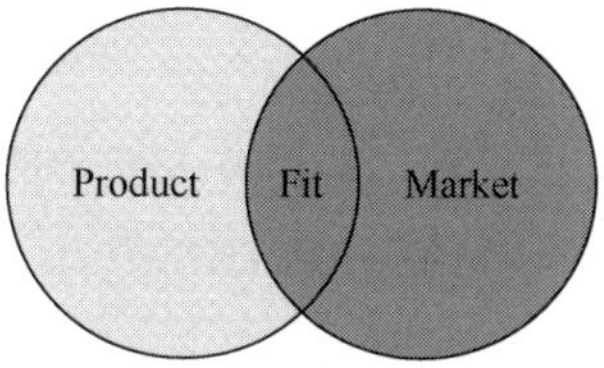

图 2-14　产品-市场匹配图

那么，如何才算达到了 PMF 的状态呢？我们依然可以从用户增长模型中找到数据指标来判定。前面提到了探索期的用户主要由新用户和短期的留存用户组成。因此，短期的用户留存率是判断是否找到目标用户和满足产品-市场匹配状态的重要标准。如果你的产品有着优秀的新用户短期留存率，那么至少说明你的产品是被用户接受的。

2. 快速增长期

产品如果能够获得不错的短期留存率，那么说明产品很好地满足了用户的需求、解决了用户的问题，这个时候就到了第二个阶段，我们要尽快让产品的用户增长起来。因为在初期验证需求阶段，新增的用户数量会相对比较少，新增用户的量级不同，出现的问题不同。几千个新增用户和几十万个新增用户，所面临的问题可能是完全不同的。

从探索期过渡到快速增长期一般有两种方式。一种方式是产品在满足了一批核心用户的需求后，引起了用户的自发传播，或者一些重要的热点事件进入了公众的视野带来了大量曝光，从而带来了大量的目标用户，产生了接近指数级别的增长，使得产品快速进入了增长期。这是一种可遇而不可求的用户自传播，比如抖音，在前期验证了用户需求，整体产品数据指标处于一个非常良好的状态后，由于岳云鹏在微博转发了一条抖音视频，帮助抖音在微博上形成了广泛的传播，所以获得了急速的用户增长。

另一种方式是通过有节奏的市场广告投放，在各个渠道中逐渐增加更多曝光，得到更多新增用户，让用户数快速增加起来。投放的好处是用户数可以快速增加，并有可能引起更多的用户自发传播。一般随着付费渠道新增用户数的增加，自然新增用户的数量也会跟着一起增加。这种方式的劣势自然是因为需要付费，所以成本会快速攀升。如果产品的数据好，通过花钱快速获取新增用户的方式快速把产品规模做大，占领用户心智，是目前很多公司常规的做法。

通过用户增长模型，我们知道在快速增长期，除了新增用户，短期留存用户和中期留存用户也是保证用户快速增长的重要支柱。很多产品在探索期有着不错的留存率，但一旦进入快速增长期后，留存率会跟着进入下降状态。

这里需要注意的是，如果在新增用户数增加后，短期留存率开始迅速变低，那么首先应考虑的是新增用户的渠道有问题，可能不是精准的目标用户。如果短期留存率没有变化而中长期留存率开始下降，那么说明新增用户的渠道没有太大问题，而是在引入更多用户后，产品一定出现了一些问题，这些问题是在用户小量级新增时没有表现出来的。这个时候，我们需要更详细地分析中期留存用户的期望是否被实现。比如，在一些短视频平台产品中，用户短期留存下来往往是因为平台的视频比较好看。但是一段时间后，用户已经看了很多视频，这时如何保证一直更新更优质的视频供给，就成了解决用户中期留存的关键问题了。

3. 产品稳定期

当产品经过快速增长后，必然会达到用户增长模型预测的稳定期。在这个阶段，因为大量的目标用户已经被触达过，所以每日新增用户的数量一般不会出现大的变化，基本维持在一定的数量上。留存率也因为持续优化，达到了一个比较稳定的水平。在这个阶段，从用户增长模型中，我们可以看到会有一大部分长期留存用户撑起了每天的日活。因此，如何保证长期用户的留存是这个阶段用户增长的一个关键问题。

长期留存用户因为持续使用产品，有的已经成了产品的核心用户，感受到了产品的价值，对产品的预期已经形成。除了这批长期留存用户，还有一部分用户是已经流失的用户，有的已经很久不再活跃，有的甚至已经卸载了产品。对于已流失用户的挽回，也是一个巨大的用户增长机会。

除了流失用户的挽回，稳定期的产品在存量用户市场消失殆尽的时候，还有一个重要的渠道就是增量市场。很多产品在每一年的秋季开学或者过年的购（换）

机潮中，与手机厂家合作，预装自己的产品，从而更快地获得增量用户。

2.3 制订属于自己的用户增长计划

2.3.1 四步打造自己的增长计划

在前面的章节中，我们知道了用户增长模型以及如何使用这个模型做用户增长。当我们真正需要帮一个产品做用户增长的时候，应该如何做呢？下面将利用用户增长模型打造一个属于你自己的产品或者业务的用户增长计划。

常见的用户增长计划主要由四步组成，如图 2-15 所示。

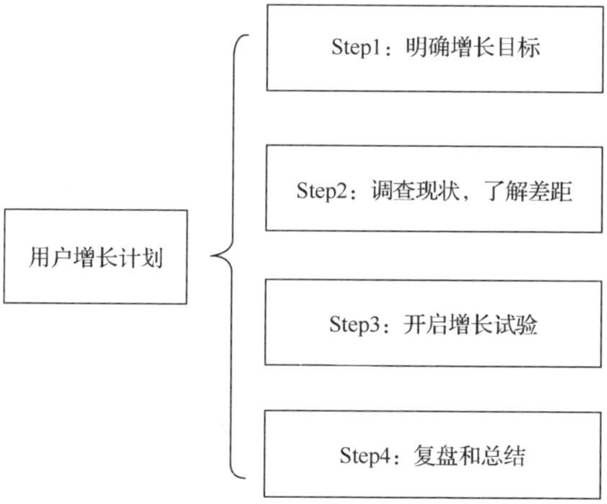

图 2-15 用户增长计划

1. 明确增长目标

在制订用户增长计划时，第一步需要知道用户增长的目标是什么。在明确增长目标的时候，需要考虑以下几个方面：

- 这个目标是否符合整个公司全局的战略，特别是在大公司中，整个公司或者集团都有增长目标，具体业务和产品的增长目标一定要符合公司的增长目标。如果是自己创业，那么这个目标需要符合投资人或者团队的期望。

- 制定的增长目标需要考虑行业的情况、竞品的情况，切忌过高或者过低。过高的目标往往是不太可能短期实现的，这种过于长期的目标在增长迭代的过程中是不利的，需要靠一个一个短期的胜利最终达到目标。如果目标过低，就可能无法真正地达到目标。在这个制定目标的过程中，我们可以根据用户增长模型提供的方法，通过增长目标，倒推出新增用户数或者留存率的数据，从而矫正目标。
- 制定的目标一定要可量化。在很多时候，公司或者创始团队会制定一个模糊的定性目标，如达到行业第一。为了更好地落地执行，我们必须把目标量化，如三个月日活增长到 100 万。
- 很多时候，制定初期目标都是为了给团队一个努力的方向，可能会有偏差，因此，在隔一段时间后，我们需要对制定的目标复盘，从而制定更合理的目标。

2. 调查现状，了解差距

在有了目标后，我们需要了解与目标的差距，从而制订更具体的行动项和时间规划。这一步非常重要，在调查的过程中，我们会真正了解目前产品所处的增长阶段和存在的问题。从用户增长模型中，我们知道用户增长最重要的影响因素其实就是新增用户数和留存率。因此在调查现状的时候，我们要从这两个方面开始。

首先，要了解目前的新增状况，其本质是知道目前新增用户的来源，然后看不同来源的差异、能否准确触达目标用户、有没有优化的空间，以及可以拓展的新渠道。

因此，我们需要知道在目前的新增用户中付费用户和自然用户的比例。

在付费用户中，我们要重点看不同付费渠道或者不同广告的差异，看是否有不符合产品的描述从而带来非目标用户。

在自然用户渠道中，最先接触用户的主要是应用商店、分享页面、官方网站、搜索结果等，因此我们需要确认应用商店的产品描述、用户分享页面的产品描述、产品的官方网站描述等，是否每一处都能准确地描述产品，向用户传递我们制定的产品预期。除了确认现有新增渠道的状况，我们同时还需要探索是否有更好的新渠道可以尝试，在付费的渠道中，探索更多的广告形式、对比竞品的投放策略；在自然渠道中，我们要挖掘用户自分享的产品特性、优化更多社交媒体的传播等。

其次，我们更需要了解目前的整体留存情况，包括短期留存、中期留存和长期留存，一般看次日留存率、7 日留存率、30 日留存率和 60 日留存率。其中，次日留存率和 7 日留存率属于短期留存，30 日留存率属于中期留存，60 日留存率为长期留存。对于所有的留存数据，我们都需要看最近一段时间的均值。对于上述留存，我们除了看整体新增情况，还需要拆开前述不同细分渠道确认留存。不同渠道的短期留存可以反映各个渠道的质量情况。

另外，还有一个需要确认的是产品的主路径是否完整或者是否有明显的体验问题。主路径是一个产品想要传达给用户的预期，要告诉用户这个产品是帮他们解决什么问题的。

主路径如果选择错了或者体验不好，必然会影响最终的留存情况，即使是目标用户也不会留下来。主路径需要整个团队一起定义。主路径的表现情况可以用漏斗来表示。

比如，一个内容消费类的社区产品获得新用户的主路径就是，从下载到登录，到内容 feed，到点击封面进入内容消费的过程。

不同类型产品的主路径是不同的，新用户和老用户的主路径也会有差异，因此我们需要定义设想的主路径，然后把每一步转化优化好，再看用户的反映，有可能主路径定义错了，那么我们就再去定义，直到找准产品的价值点。

综上所述，我们需要检查的数据如表 2-4 所示。

表 2-4　确认产品主路径需检查的数据

维度	说明
新增	付费新增用户占比、不同渠道的新增用户占比及质量、潜在的扩展渠道
留存	短期留存、中期留存、长期留存及不同渠道的留存情况
主路径	主路径的定义、主路径的整体转化漏斗

3. 开启增长试验

在“调查现状，了解差距”中，我们通过细致的调查和摸底，基本可以确定目前产品所面临的问题。在这个时候，我们需要将所有问题汇总到一起，然后在团队内部进行集体讨论，排出问题的优先级。对问题的优先级进行判断，需要考虑收益和成本两方面。我们需要先做那些收益大、成本较低的事情，可以把所有的事情都放到如图 2-16 所示的四个象限里。

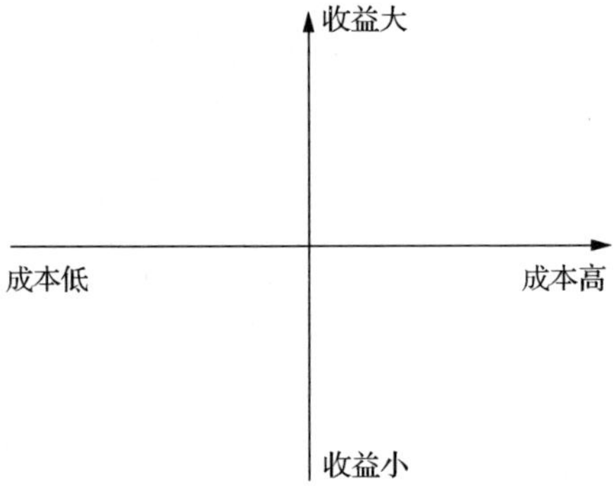

图 2-16　成本-收益四象限

需要注意的是，这需要团队所有成员一起讨论，很多需求的实现成本需要编程工程师帮忙预估。我们可以根据需求是否在主路径上、可以影响多少用户来评估收益。比如，曾经有一个同事为了适配 Android 4.0 系统的机型提出一个优化需求。满足这个需求的工作量很大，但是使用 Android 4.0 系统的机型的用户已经很少了，所以这个需求即使满足了，也不会影响很多人，收益非常有限。有很多功能的用户渗透率就非常低，这个时候基于这些功能的优化往往也是徒劳的。

因此，我们可以把非主路径上的工作排在优先级较低的位置。很多团队经常犯的错误是忽视了之前主路径的事情，开始疯狂地开发新功能。这是非常不对的，一直打磨主路径的体验是非常重要的。

在确定了所有优先级后，我们就可以挑选那件“性价比”最高的事情做用户增长的试验。用户增长的试验效果需要通过 A/B Test 的方式检测。在试验前，我们需要确认可能获得的收益点，并提前做好数据的埋点工作，以保证最后的数据效果可回收。

很多时候，用户增长试验都不是一蹴而就的，通常是一个不断假设和探索的过程。比如，某个 App 的用户增长团队在研究不同用户群留存率的时候，发现来自信息流广告等渠道的用户的留存率很低，而且用户有一个特性——低龄，大多数人只看过或者点过一篇文章，留存情况很差。最开始，他们提出了一个假设：低龄用户（18 岁以下）可能还在上初中或者高中，而很多学校是不让学生带手机的，他们只能在周末用手机，所以低龄用户的留存情况比较差。

这个假设听起来很合理，也符合逻辑，但是我们真正分析数据后会发现，留存情况差的用户在周末的留存情况依然很差。同时，在低龄用户中，如果按照小学生、初中生、高中生划分，发现高中生的留存情况和大盘差不多，小学生和初中生的留存情况比较差。因此，之前的假设是不对的。最后，通过用户访谈和内容分发的细分数据，我们发现小学生和初中生对运营定义的内容类型理解不一样，所以即使他们选择了自己感兴趣的类型，系统也依然推荐给他们不喜欢的内容，最终导致整个信息流都充斥着他们不喜欢的内容，留存情况可想而知。

这就是典型的在试验过程中发现更多问题，然后通过提出假设，细化试验再去验证，最终得到真实的原因。

4. 复盘和总结

经过上述几步后，最后一步就是复盘和总结。在经过一定时期的增长试验后，我们需要回顾所有试验的结果，复盘整个过程中的得失、试验中遇到的所有问题。我们在复盘时需要考虑以下几个方面：

- 目标达成的情况。经过这一轮的用户增长尝试，我们要和之前的情况对比，看看有哪些进步的地方、和之前定义的目标差距是否缩小了、进展如何。
- 回顾整个过程中出现的问题。这些问题可能包括出现的 bug、最初试验落地的变形、试验延期的问题、试验没有取得预期效果的问题等。团队成员要一起讨论这些问题所反映的本质问题是什么，是成员之间协作的问题，还是执行过程中疏忽的问题等。
- 让团队中每一个成员都谈谈在用户增长过程中遇到的问题，以及觉得目前团队中最严重的问题是什么。当问题被全部提出后，团队成员要一起讨论并解决，对不能当时解决的问题需要记录。
- 总结本次用户增长过程中的收获，将所有提到的问题分别整理，把与业务相关的问题直接放入下一轮用户增长迭代的需求池里。

2.3.2 搭建增长报表系统

在了解了整体增长计划后，我们需要把与增长相关的报表系统一起建立起来。在有了增长报表后，我们每天就可以更准确地知道目前增长的现状、与目标的差距。另外，增长报表也可以暴露增长中存在的问题，我们可以通过对报表中的数据进行更细的分析，从而找到增长中存在的具体问题。常用的增长报表有以下几种。

1. 基础数据报表

基础数据一般包括新增用户数、日活、周活（周活跃用户数）、月活（月活跃用户数，Monthly Active User，简称 MAU）等。通过这些数据，我们可以知道用户增长的现状以及与目标的差距。图 2-17 是某平台的基础数据报表概览。

图 2-17 某平台的基础数据报表（具体数据为杜撰）

2. 留存数据报表

留存数据主要包括短期的用户留存和中长期的用户留存，并且可以区分不同渠道的留存情况。通过留存数据报表中的留存拐点，通常可以找到出现问题的具体时间，并基于此进行更深入的分析。图 2-18 所示为某平台的留存数据报表概览。

3. 主路径数据报表

主路径数据报表主要包括定义的主路径的数据。比如，对于一个短视频社区来说，消费用户的主路径是从消费、点赞、评论到关注。因此，报表中就必须有消费渗透、点赞渗透、评论渗透和关注渗透，以及各个步骤的漏斗转化。

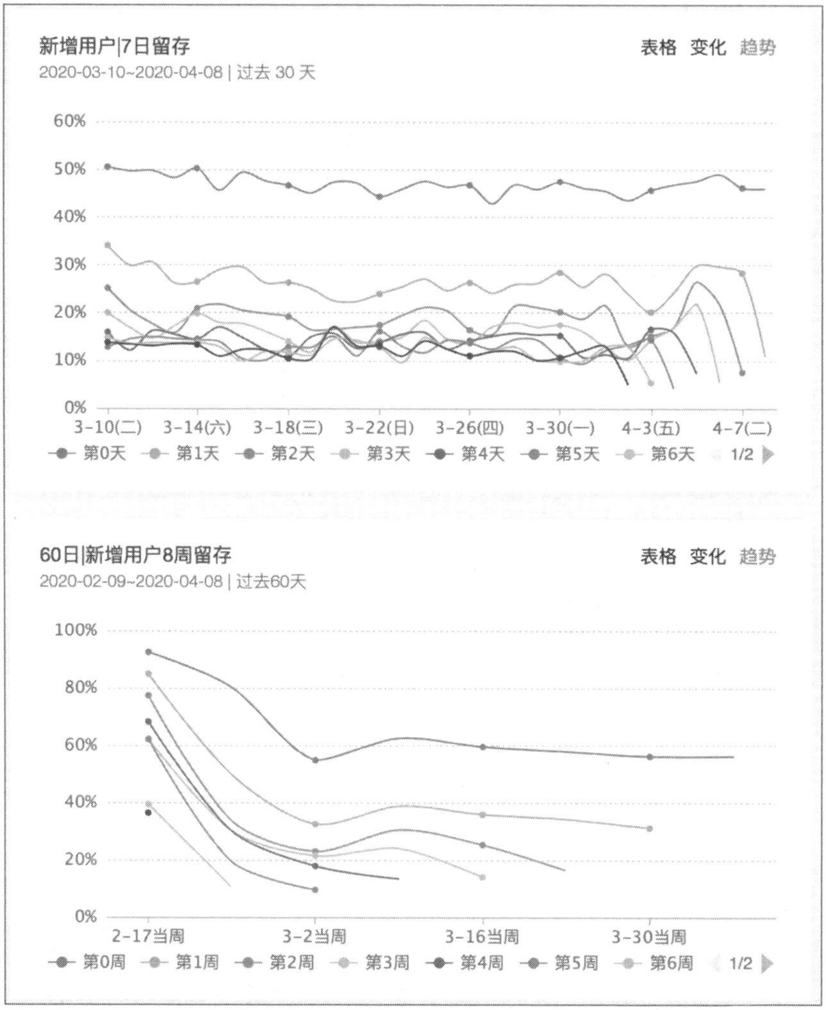

图 2-18 某平台的留存数据报表（具体数据为杜撰）

对于生产用户来说，主路径是拍摄、编辑、点击上传、成功上传等几个步骤。同样，在报表中，需要加上以上各个行为的渗透及整个路径的漏斗数据。

第 3 章

增长源头：用户获取

3.1 走出增长的第一步

在 20 世纪，每年中央电视台的广告招标都会产生一些“标王”，它们中有白酒品牌商，有家电企业。这些当年的“标王”在第二年都获得了急剧的销售增长。这其实就是传统行业的增长，这些企业通过当时全国最大的媒体平台——中央电视台——触及足够多的用户，推广自己的产品。

这就是最初的用户增长方式。传统电视媒体是当时很有影响力的渠道，能够迅速触及足够多的用户，但是对于传统电视媒体，我们很难在投放广告后监测和追踪效果。

在 2014 年之后，微信、淘宝、支付宝、百度等争相在大年三十的中央电视台春节联欢晚会上与守候在电视前的用户互动，这与 20 世纪的“标王”们多么的相似。这些公司为产品花费巨资，无一不是想更快地获得用户，特别是在已经是“红海”的行业里。而这带来的好处，可能是逆转性的。

2014 年年末，微信推出了对中国互联网甚至世界互联网产生深远影响的“微信红包”。它的出现改变了中国移动支付的格局。2014 年除夕就有数百万人参与抢红包，共计抢红包次数达上千万次。在 2014 年春节期间，总共有超过 800 万个用户参与。这只是刚刚开始，2015 年，微信和中央电视台春节联欢晚会达成合作，通过“摇一摇”得红包的方式与电视机前的观众互动。从微信披露的数据来看，除夕当日微信红包收发总量超过 10 亿次，微信“摇一摇”互动次数超过 100 亿次。

抢红包的活动让微信红包被很多人熟知，但重要的是，收到红包之后，要想提现就必须绑定银行卡，而绑定银行卡是移动支付中最难实现转化的一步。微信红包让微信顺利地完成了移动支付中最难的一步。当用户的微信钱包中有了钱之后，微信将支付方式变成了扫码，让用户在打开微信后很方便地通过扫码进行支付，让微信支付迅速成为国内移动支付市场的重要力量。

有了微信红包的例子，越来越多的产品和公司想通过春节联欢晚会的帮助拓展用户。因此，在近几年的春节联欢晚会上，支付宝、百度、今日头条等公司纷纷接力。2020 年中央电视台春节联欢晚会与快手独家合作，春节期间给快手带来了迅猛的用户增长。

除了春节联欢晚会疯狂的获客增长，2019 年还有一款产品依靠自身的特点，迅速裂变获客。这就是 FaceApp，一款可以让人“变老”的软件。2019 年 7 月，它的总下载量突破了 1000 万次，营收接近 300 万美元。基于社交裂变的获客也是用户增长的重要组成部分。

每天有无数的公司和增长团队在思考如何更便利地获取用户，每个团队都想尽办法通过各种渠道和方式触达用户并将其转化为新增用户。获取用户是用户增长的源头，只有真正地获取用户，才能开始驱动用户增长。在第 2 章中，我们搭建了如下用户增长模型：

$$\mathrm{DAU}(n) = A\sum_{i=0}^{n-1} R(i)$$

在模型中，我们可以看出新增用户数 A 是日活的重要组成因素，如果没有新增用户，就没有日活，用户增长就无从谈起。

用户获取很重要，但是随着国内互联网用户获取成本的增加，我们越来越难大规模或者快速地获取目标用户。

如图 3-1 所示，这是阿里巴巴、京东、拼多多三家公司最近几年的获客成本对比（源数据来自各公司财报，计算公式：当期市场营销费用与当期新增活跃用户数之比），可以看出阿里巴巴、京东、拼多多的获客成本近几年逐步增加。这基本说明了过去几年，国内获客成本急速增高。

在这样的“红海”环境下，如何精准、高效地获取用户将会是越来越大的挑战，也是做用户增长必须要正视的问题。只有找到了解决这个问题的办法，才算迈出了用户增长的第一步。

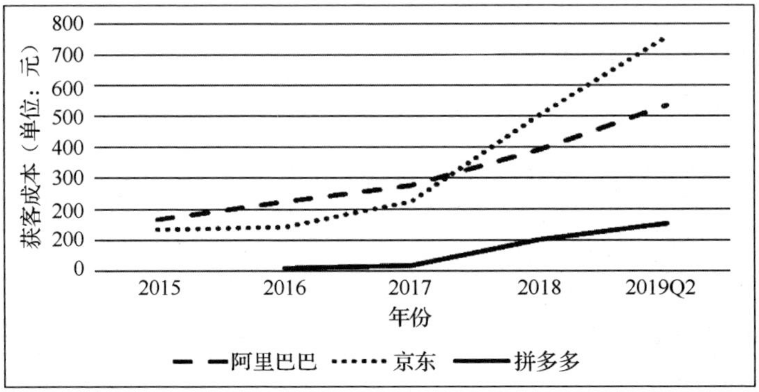

图 3-1　阿里巴巴、京东、拼多多获客成本对比

3.2 用户获取的约束

当我们准备做用户获取的时候，经常会遇到以下问题：

- 推广带来了很多用户，单价很便宜，但是留存情况太差，我们应该怎么办？
- 通过精准投放吸引了一批目标用户，留存情况很好，但是价格太贵，我们应该怎么处理？
- 通过投放带来了一批用户，留存情况很好，单价不高，是否继续加大投放？
- 某渠道吸引的用户留存情况很差，单价很高，我们是否立刻停止该渠道投放？

在这些问题中，似乎前面两个问题比较难回答，我们会很纠结，而后面两个问题的答案似乎都很明确。实际上并非如此，要想回答这些问题，我们要根据这些用户带来的价值有没有超过获取他们所付出的成本来判断。这里的价值有可能指的是用户的使用时长，也有可能指的是用户的活跃情况等，但是在产品的最终层面我们要考虑收入情况。我们付出的成本，当然最基础的就是我们付出的获取用户成本，可能还包括引入这些用户后，对产品本身造成损失的成本等。

如果从用户身上获得的收益大于付出的成本，那么即使这批用户留存情况不好、获取单价高，我们也依然要保留；反之，即使留存情况好、获取成本低，也要摒弃。比如，有些直播平台的“土豪”用户的获取渠道，获取用户的成本比较高、留存情况不太好，但是留下来的用户给平台带来了大量的贡献。有的产品，如一些提供金钱奖励的产品，往往会吸引一些“薅羊毛党”，他们每天过来“刷”奖励任务，但并不是真正的成本用户，没有给平台带来贡献。这种用户的留存率即使特别高，也要特殊处理。很多防作弊策略就是针对这些用户的。

3.2.1 LTV 和 CAC 的定义及其常用计算方法

既然我们需要比较用户带来的价值和获取用户付出的成本，那么应该如何计算它们呢？

用户带来的价值一般用 LTV 表示，获取用户的成本一般用 CAC 表示，具体的定义和解释如下：

- LTV，Life Time Value 的缩写，用户的终身价值，即用户对产品贡献的总价值；
- CAC，Customer Acquisition Cost 的缩写，即用户获取成本。

接下来，我们再来看一下 LTV 和 CAC 的一般计算方式。

$$CAC=市场总花费/同时期新增用户数$$

市场总花费一般包括推广渠道花费、营销和销售的总费用，甚至包括所有市场人员、运营人员的人力成本。在计算市场总花费的过程中，我们容易犯以下错误：

- 在计算 CAC 时没有将人力成本包含进去，这里的人力成本包括所有市场投放人员、销售人员、商务人员等的成本。除了这些专职投放或者推广的人，还有一些人是把部分精力投入这里的，包括一些部门的经理和一些协作部门人员等，比如对于一些法务问题，法务部门人员的费用我们常常是忽略的。因此，业界还有一种满载 CAC（Fully Loaded CAC）的说法，把这些人力成本包含在内。
- 与没有将人力成本考虑进去类似，我们也会漏掉一些固定的开支成本。我们在做社交裂变投放的过程中，经常会采购一些第三方的服务（如批量发送消息等），还会涉及一些管理类软件或者营销工具类软件的费用等。除了这些开支，还有很多成本，比如办公室成本、出差成本等。

与 CAC 类似的概念还有 CPA（Cost Per Action），指的是获取流量所花费的成本，而这些流量并不一定会成为客户——比如一个注册用户、一个活跃用户、一个试用用户或一个仅仅被导流的用户。这两个指标是相互关联的，这是因为一些需要用 CPA 计算成本的指标，往往直接影响 CAC。

在实际使用中，我们会计算不同渠道的 CAC，这样可以对不同渠道进行比较，以便指导渠道结构的优化。

LTV 的计算公式如下：

$$LTV=LT\times ARPU$$

式中，LT 为用户的平均生命周期，ARPU（Average Revenue Per User）为用户在平均生命周期中的平均收入。

计算 LT 是比较复杂的，特别是对于一些短期的情况，我们只能预估，没法准确计算。按照定义，我们可以从用户的平均生命周期中推导出 LT 的表达式。假设新增一批用户数量为 A，在第 n 天的留存用户数为 $A(n)$，则这批用户总的生命周期为

$$\mathrm{LT}_{all} = A\times 1 + A(1)\times 1 + A(2)\times 1 + \cdots + A(n)\times 1$$

那么这批用户的平均生命周期为

$$\mathrm{LT} = \frac{\mathrm{LT}_{all}}{A} = 1 + \frac{A(1)}{A} + \cdots + \frac{A(n)}{A}$$

我们可以知道留存用户数除以新增用户数就是留存率，即

$$R(n) = \frac{A(n)}{A}$$

$R(n)$ 表示第 n 天的留存率。因此，我们知道用户的平均生命周期为

$$\mathrm{LT} = 1 + \sum_{i=1}^{n} R(i)$$

如果把第 0 天的留存率定义为 1，那么

$$\mathrm{LT} = \sum_{i=0}^{n} R(i)$$

由上式可知，用户的平均生命周期等于留存率之和。这就回到了 2.1 节中关于如何预测留存率和计算留存率之和的问题上了。下面简单回顾一下。

假设我们已经知道了一个月的留存率数据，在 Excel 中输入这些数据，并画出留存率衰减曲线，如图 3-2 所示。

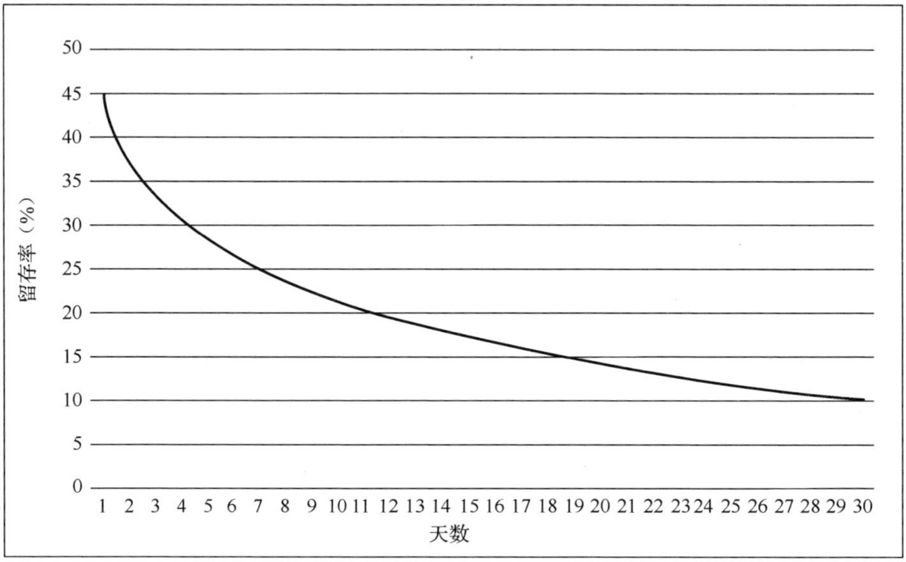

图 3-2　留存率衰减曲线

具体步骤是：先根据预先输入的数据在 Excel 中画出散点图，然后右击图表，在弹出的快捷菜单中选择“添加趋势线”选项，如图 3-3 所示。

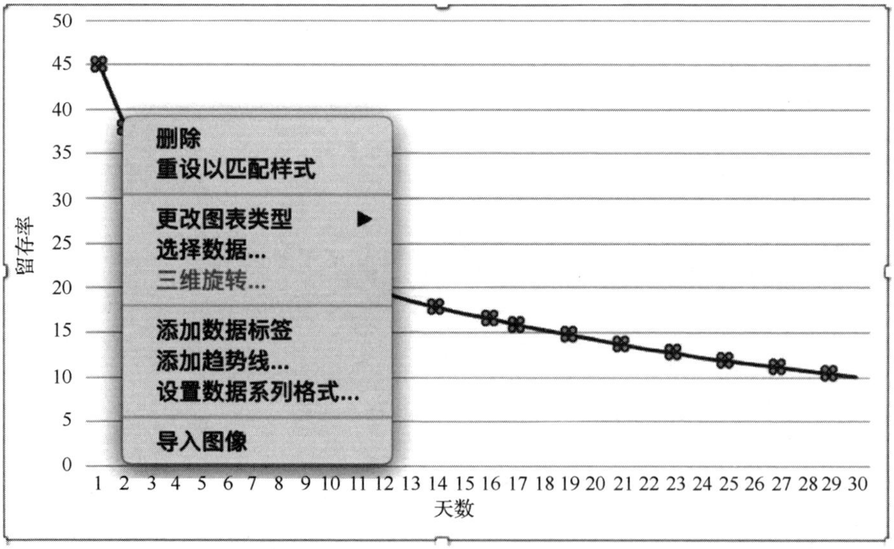

图 3-3　添加趋势线

在“趋势线选项”选区中选择“对数”单选按钮，并勾选“显示公式”和“显示 R 平方值”复选框，可以得到描述留存率曲线的函数，这样就可以预测此后的留存率，从而求得留存率之和，具体的计算方法和 2.1 节中介绍的相同。

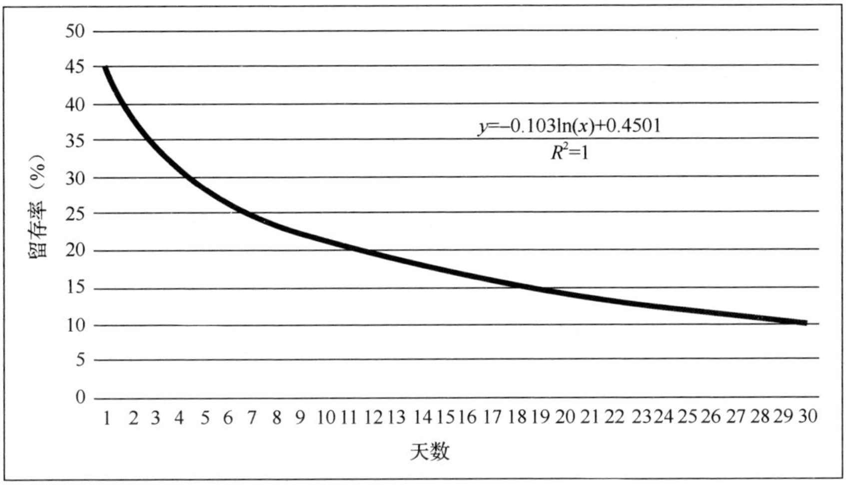

图 3-4　留存描述函数

3.2.2　新用户获取的本质约束：LTV > CAC

我们做任何产品或者业务的最终目的都是赚钱，这是商业的本质，在用户增长方面依然如此。在新用户的获取上，我们要保证一个用户在整个生命周期中给产品带来的价值（LTV）大于获取这个新用户所耗费的成本（CAC），即 LTV>CAC，否则获取的用户越多，亏损越严重。这个公式看似简单，却是用户获取的本质约束。

很多初创公司在商业变现不明确的情况下，为了让用户增长采用激进的策略，使得 LTV 远远小于 CAC。如果这些公司无法通过商业变现让 LTV>CAC，那么最终的创业结果可想而知。

YY 直播能够实现对竞品的超车，在很大程度上得益于 YY 语音为其导入的大量“免费”用户。早期的 YY 语音具有一定的工具属性，积累了很多游戏用户，他们通过 YY 语音沟通。后来，YY 直播业务（早期为语音直播）基于这批用户，用近乎免费的方式为 YY 直播不断地输入用户。

在这个时候，其他直播平台，特别是纯直播平台，则需要投入大量的市场费用以获取用户。YY 直播的 CAC 远低于其他平台。正是基于这一点，即使与其他平台的 LTV 相同，YY 直播的盈利水平也会更高，从而在与其他直播平台的竞争中占据优势。

2016 年年末，移动直播大潮兴起，出现了数以千计的移动直播平台，后来真正在这波大潮中站稳脚跟并保持较快增长的有陌陌直播和快手直播，但其实它们本身并不是直播平台。原因和 YY 直播类似，它们主要得益于两个平台本身有较多的用户积累，对于直播业务来说，这些用户的获取也是近乎免费的，CAC 极低，从而在和其他需要花费大量市场费用进行广告投放以获取新增用户的平台竞争中，逐渐占据优势。LTV 和 CAC 的关系是决定业务商业成败的根本因素。

陌陌直播嵌在陌陌 App 中，来陌陌交友的用户可以很自然地进入直播间。

风险投资机构普遍认为当 LTV＞CAC 时，产品或者公司在商业上是有可能性的；当 LTV＜CAC 时，产品或者公司的商业模式可能就是不存在的，公司也很难生存下去。除了 LTV 需要大于 CAC，两者的比值也是体现产品商业价值的指标。在有竞争的环境下，即使 LTV＞CAC，但是如果 LTV/CAC 的值小于其他竞争公司，那么也会在竞争中被过高的 CAC 压垮。因此，投资机构在投资时，还会关注 LTV/CAC 的值，一般认为当 LTV/CAC＞3 时是有较大概率占据行业领先地位的。

那么，是不是 LTV/CAC 的值越大越好呢？其实不一定，如果比值过大，那么说明很可能在市场拓展中太保守，没有尽快占领市场。在大幅度推广的情况下，LTV/CAC 的值为 3 左右，是一个比较好的状态。LTV-CAC 关系图如图 3-5 所示。

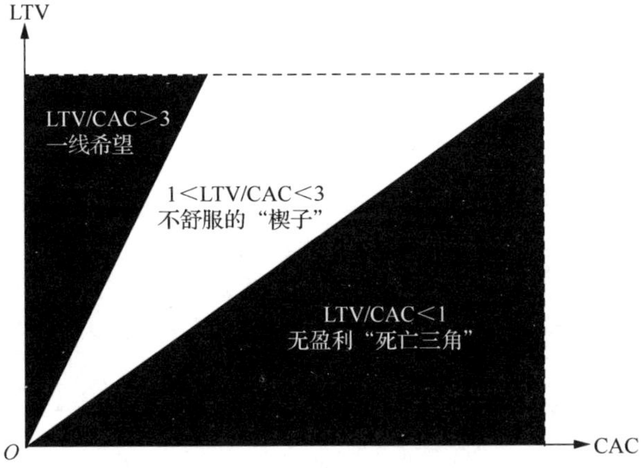

图 3-5 LTV-CAC 关系图

3.3 用户获取渠道

通过前面的章节，我们知道了用户获取的本质约束。这个约束公式可以帮我们判断产品和业务是否处于一个良好的状态。如果我们将这个约束拆分到获取新增用户的不同渠道中，就能知道不同渠道获取用户的状态如何。本小节将详细介绍目前常见的用户获取渠道和不同渠道的特点。一般来说，目前获取用户的渠道可以大致按照是否支付推广费用分为付费渠道和免费渠道。付费渠道有在线广告（Google Ads/网盟/微信广告/搜索关键词等）、明星代言、付费地推、付费社交裂变（趣头条付费邀请、直播答题等）。免费渠道有社交媒体传播、SEO/ASO、用户口碑传播、种子用户邀请。

下面重点介绍几种常见的渠道及其特点。

3.3.1 广告渠道

广告渠道可以分为非互联网广告渠道和互联网广告渠道。其中，非互联网广告渠道的范围比较大，常见的有实体的广告牌、地铁上的宣传广告、商场中的广告屏幕、楼宇广告（比如电梯或者小区里张贴的广告等），还包括传统的媒体广告（电视广告、报纸广告、电台广告等）。广告的形式有文字、海报、传单、视频等。

这些广告覆盖了生活中的多个场景。我们每天从迈出家门开始，就会接触一个又一个广告，有电梯广告、地铁中的广告、路边公交站牌上的广告，回到家后打开电视也会看到各种广告（如图 3-6 和图 3-7 所示）。

图 3-6　户外广告

图 3-7　地铁广告

除了这些常见的广告形式，在线下，随着外卖、快递行业的发展，很多外卖员和快递员也会担任广告派发员，把广告带到用户家中。线下广告的历史比较悠久，可以很直接地触及用户，但是存在一个比较大的问题，线下广告对于广告效果难以判断，我们很难从数据的角度来衡量广告效果，特别是单个广告的效果。在投放广告的时候，我们很难严格地区分用户，没法做到精准地细分投放。非互联网广告一般采用合约广告的形式，广告主和广告公司约定一定的广告期限，广告的周期比较长、门槛比较高。

互联网广告是常用的广告，有很多形态，与用户交互的方式有很多种。随着互联网产品的发展，出现了越来越多的广告创意和投放形式。下面介绍一些常见的类型。

- 搜索引擎广告。搜索引擎广告是指当用户搜索某些关键词时，在出现的搜索结果页中插入的相关广告。有的搜索引擎广告直接插入搜索结果中，而有的搜索引擎广告则放在搜索结果页的非结果展示区域中，比如当你搜索“手机”时出现的相关手机广告，如图 3-8 和图 3-9 所示。

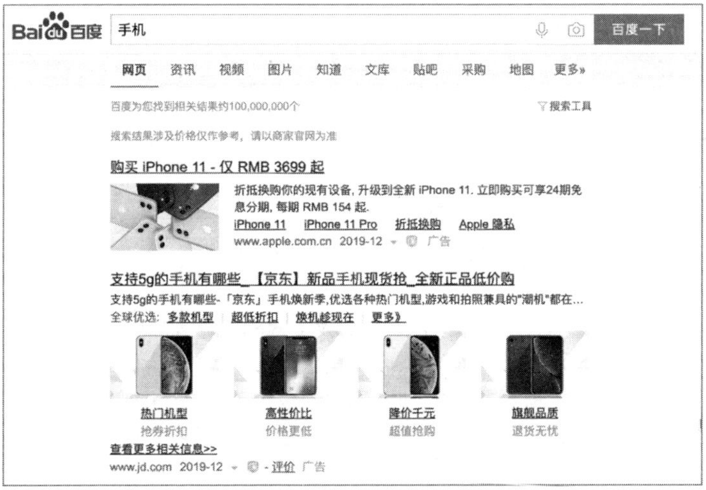

图 3-8　搜索结果广告

图 3-9　搜索引擎侧边栏广告

- 横幅广告。横幅广告是指在网站的固定位置展示的一些图片广告素材或者动态广告素材，如图 3-10 所示。

图 3-10　京东网站顶部的横幅广告

- 信息流广告。信息流广告是指在一些信息流中按照一定比例插入的广告。在很多 App 中，信息流广告经常出现。比如，今日头条的内容信息流广告、微信朋友圈的广告等。图 3-11 和图 3-12 分别为今日头条内置的大图广告和视频广告。

- 其他形式。除了上述几种形式，还有邮件广告、App 开屏广告等，如图 3-13 所示为开屏广告。

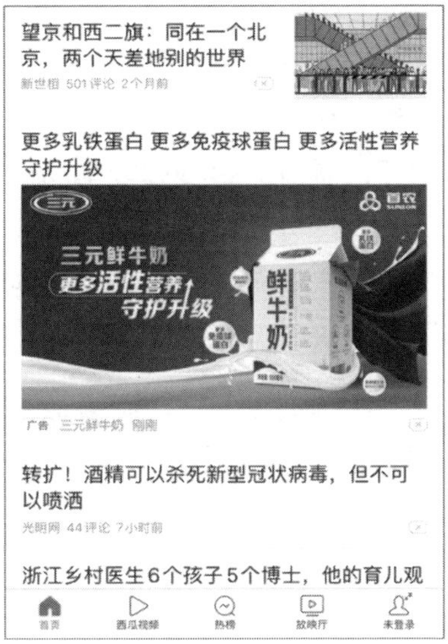

图 3-11　今日头条的大图广告

图 3-12　今日头条的视频广告

图 3-13　开屏广告

与非互联网广告相比，互联网广告的优势为可以实时追踪和回收广告的数据，比如广告的曝光量、点击量、下载量和激活量等。这些数据可以帮助广告主及时地调整自己的广告策略。国内外很多广告平台支持广告主自主投放广告和自主优化效果。这就催生了投放优化师这个职业，他们专门负责广告投放效果的优化。除了实时追踪和回收数据，互联网广告的投放用户也可以被精准识别。这是非互联网广告很难做到的。很多广告平台可以提供选定用户的区域、年龄、兴趣等用户画像信息，让广告主可以很精准地触达目标用户，从而提高投放广告的效果。

非互联网广告往往按照合约制收费，而互联网广告的收费方式则更加灵活和科学，常见的收费形式如下：

- CPM（Cost Per Mille），按照广告的千次曝光量进行收费。比如，收费价格是 10 元/CPM，即如果广告主的广告被曝光 1000 次，广告主就需要支付 10 元，以此递增结算。这是目前最主流的收费方式。如果为了更快地增加曝光量，那么这是一种比较合适的方式，目前主流的广告系统都支持这种广告收费方式。

- CPA，与 CPM 类似，即按照投放之后的实际效果付费。比如投放一个用户问卷调查广告，不是以调查问卷的曝光量计费，而是以实际回收的问卷数作为付费的依据。这种方式对广告商来说有一定的风险，但是对广告主有利。

- CPI（Cost Per Install），按安装付费。这是在 App 投放中常用的结算方式。当设备真正安装了 App 之后才会收费，对于广告主来说，这种方式可以避免无谓的曝光，让流量尽可能精准。

- CPC（Cost Per Click），按照点击量收费。在 PC 时代，网站的投放大都采取这样的形式，但是在移动互联网时代已经很少使用了。

- CPS（Cost Per Sales），即按照实际的销售量付费。这是目前电商中特别流行的流量推广方式，只要完成一笔交易，广告主和广告商就都会有收入。这种广告方式更像一种网络营销模式，把广告渠道和广告主的利益紧密地捆绑在一起。对于很多创业者来说，这种形式可以减少早期的广告费投入。

除了上述方式，还有很多其他的广告收费形式。在产品的不同阶段，我们可能需要选择不同的方式，以保证在该产品阶段，获取用户的方式与广告收费形式相匹配。

3.3.2 付费裂变

广告主实际上是通过付费获取用户的，不过钱没有直接付给用户，而是给了广告渠道。最近几年，广告形式渐渐地改变了，很多公司将本来应该付给广告渠道的钱，直接补贴给了用户，引起了用户的疯狂传播。这就是我们经常看到的“网赚”模式。

网赚模式本质上是对社交传播的一种更强的激励，但通过这种形式获取用户的性价比可能比投放广告获取用户的性价比更高。很多公司和产品做了很好的示范，比如，拼多多的“一人砍一刀”模式、趣头条的“师徒”模式、火爆一时的直播答题。下面详细分析这些在付费裂变领域较成功的例子。

拼多多自 2015 年 10 月上线，在 2019 年总成交额（Gross Merchandise Volum，GMV）已经过万亿元，其增长速度超出了很多人的意料。拼多多能这么快速地增长，与基于微信的社交关系链的裂变传播是分不开的。它凭借出色的社交裂变，获得了一大批社交红利，并且成功地从下沉市场进入主流消费人群的视野。我们详细看一下拼多多的“裂变”模式。

① 拼多多最早主打的活动是“砍价免费拿”（如图 3-14 所示），引导用户把砍价链接分享到微信群，邀请好友帮忙一起砍价，每个好友砍价的数额不等。拼多多为了刺激用户分享，一般在初始时让好友砍掉的钱较多，随后递减，参与的好友越多越容易成功。与传统的砍价模式不同，拼多多用户真的可以把价钱砍到 0 元，并且可以正常收到货物，不会受到丝毫欺骗。因此，这种“砍价免费拿”的购物形式迅速在朋友圈、微信群中流传了起来。

图 3-14 拼多多“砍价免费拿”活动截图

很多用户为了砍价，把砍价链接分享给很多之前很少联系的朋友，极大地拓展了裂变的范围。拼多多充分地利用了用户占便宜的心理，通过实实在在的优惠促进了用户的传播。对于拼多多来说，它只是把原本给广告平台的广告费平均分给了用户，并且更精准地触达了用户，效果比传统广告投放更好。

② 与“砍价免费拿”类似的还有“天天领现金”（即开红包领现金）活动，这是拼多多利用微信小程序做的分享活动，微信为小程序提供了非常好的分享体验。当用户进入拼多多小程序后，会自动领取一个红包，但是必须让好友帮忙拆红包。官方对红包总额不设上限，帮忙拆红包的人越多，用户得到的钱就越多。这就是让用户帮忙拉用户，然后拼多多把获取新用户的费用给了该用户，活动截图如图 3-15 所示。

图 3-15 “天天领现金”活动截图

这个活动与“砍价免费拿”活动类似，用户找朋友帮忙拆红包，让产品不断出现在更多用户眼前，提升了产品的曝光量，同时所获得的无门槛优惠券进一步提高了用户购买商品转化率（更便宜）。帮忙拆红包的好友也可以获得随机金额奖励，这样有利于新用户注册。

③ 还有一个活动叫“一分抽大奖”（如图 3-16 所示），利用了用户希望获大奖的心理，和彩票的逻辑相同。“一分抽大奖”活动象征性地收取用户 1 分钱，然后用户每邀请一个新用户就可以获得一个幸运码，在得到一定数量的幸运码之后，即可获得抽奖资格。

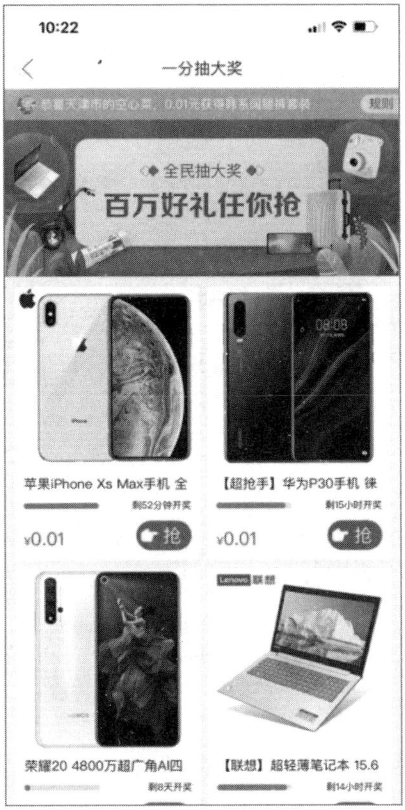

图 3-16 “一分抽大奖”活动截图

这个活动提供了特别有吸引力的奖品，比如苹果手机、笔记本电脑和其他一些电子产品，吸引了众多用户参与，并且刺激了用户分享和拉新，用极低的门槛增加了参与人数，扩大了传播范围。

从以上拼多多的活动来看，所有活动的目的都是引导用户传播，核心就是针对价格敏感用户，利用“砍价”“抽奖”等运营方式，刺激他们把活动链接分享到朋友圈，邀请好友进入，从而达到基于社交关系的广泛裂变，进行快速的用户拉新。

与拼多多一样通过社交裂变传播获取海量用户的还有趣头条。与拼多多使用的“砍价”等模式不同，趣头条的社交裂变采用了“师徒”模式（如图 3-17 所示）。邀请人是“师傅”，被邀请人是“徒弟”，邀请好友被称为“收徒”。邀请人分享自己的邀请码或者邀请链接，被邀请人如果通过这个邀请码或者链接注册趣头条账号，邀请人就能得到一定的金币奖励。金币和人民币之间有着一定的换算关系，可以提现，因此这本质上也是通过邀请用户赚钱。

除了邀请用户获得奖励，在被邀请人有一定的阅读行为并获得金币奖励后，邀请人也会获得一部分金币奖励。当你的“徒弟”开始“收徒”后，这些“二级徒弟”获得金币奖励后，你依然可以分成。除了分成，如果你的“徒弟”“二级徒弟”很久没有登录，那么你可以去唤醒他们重新登录，唤醒他们也可以得到金币奖励。总之，在趣头条中很多行为都可以得到金币，比如阅读文章、进行特定操作、完成指定任务等。

图 3-17　趣头条“师徒”模式

趣头条利用了用户的社交圈拉动增长，希望通过用户主动分享来触达更多的用户。因此，对于趣头条来说，如何解决用户分享动力的问题是非常重要的。以前让用户分享的做法很多，但是经常会遇到以下痛点：

- 用户分享的动力不足，没有对内容或者活动产生足够的兴趣；

- 用户在把活动链接分享给朋友特别是一些不熟悉的朋友时会有很大的心理障碍，害怕给对方提供了无用的信息，打扰了他们。

针对以上痛点，趣头条给出了简单的答案：让用户可以得到钱。在用户把活动链接分享出去后，收到分享链接的用户同样可以收到钱。这就让用户觉得邀请和分享是有必要的，是在给对方提供一些好东西，极大地降低了心理负担，扩大了分享范围。

除了即时奖励，邀请人还可以得到长期激励，当被邀请人通过活动、任务获得收入后，邀请人可以得到一些分成。这种短期和长期激励结合的方式，不仅可以促进用户分享，更能保证用户长期活跃。

2018 年年初，“直播答题”在中国互联网上掀起了一阵浪潮，“冲顶大会”“芝士超人”“百万英雄”等直播答题分大奖的产品或活动先后上线，几大直播平台也纷纷参与其中，瓜分的奖金从最初的 10 万元飙升到 500 万元，衍生出的玩法多种多样。

在这种玩法出现后，很多人表示费解：这些平台不仅需要花费奖金，而且要请明星前来主持，以便增加知名度和传播力度，再加上广告投放和宣传，需要支出很多费用，并且通过这种方式吸引的新增用户很难留下来，那么它们还能赚钱吗？

如果从用户获客的角度来看，那么这其实是一笔非常划算的生意。比如，花椒直播的“百万赢家”在一场直播答题中送出了 100 多万元现金奖励，接近 400 万人参与，平均获客成本约为 0.25 元/人。这个价格比很多直播 App 动辄几十元的平均获客成本低得多。所以，直播答题是一种非常有效的获客手段。直播答题平台到底是如何利用社交平台进行传播并产生更好的传播效果的？具体策略如下：

- 爆点集合引发话题传播。在直播答题的宣传中，多个爆点是集合在一起的，最初的爆点是让人震撼的奖金数，比如百万元奖金，并且在早期的时候，因为题目较难，最终得到奖金的人可以获得数千元甚至上万元，引发了极大范围的传播。除了奖金，很多平台还聘请了一些自带爆点和流量的明星作为主持人，通过明星的影响力扩大传播范围。在时间点的选择上，平台把直播选在过年期间，春节是自带流量的时间点，社交范围和频率会急速升高，并且这种直播答题的活动更是一种合家欢的娱乐活动，家庭成员会在一起参与，并互相分享和邀请。这几个爆点的结合，让直播答题在一段时间内都是人们讨论的话题，频频刷爆朋友圈。

- 精细化的运营手段。为了引发用户传播，平台在运营上设置了复活卡、现金奖励、答题成就等分享动力。用户在答题过程中回答错误后，可以用复活卡复活，复活卡在一场直播中有使用次数和使用时机限制，一般仅能使用两次，且最后一题不能使用。即使做了这样的限制，复活卡也是非常有吸引力的道具。用户得到复活卡的方式很简单，就是分享邀请码给好友（如图 3-18 所示），当好友下载直播答题 App 并填上邀请者的邀请码后，双方都能获得若干张复活卡。除了复活卡，用户每邀请一个用户，就能获得现金，当现金达到一定数值后即可提现。这鼓励了用户邀请、分享。答题成就是在答题过程中获得的奖励，比如最终闯关成功得到的奖金，用户可以把答题成就分享到朋友圈，吸引更多的人参与。

图 3-18　复活卡

- 舆论传播。为了引起更大范围的传播，有些平台会出具有争议性的题目，甚至故意出错题，进而引发媒体讨论，得到更多曝光，但是这种方式风险较高，如果控制不好，极易产生反向效果。

3.3.3 产品自传播：疯传

除了前述利用付费裂变传播的拉新获客方式，我们还可以利用产品本身的特点，靠用户口碑传播，进而形成爆点，使新增用户数量快速增加，这些新增用户大部分都是免费获得的。这就是产品的自传播。下面我们来看几个优秀的自传播案例，并分析引起自传播的特点。

① FaceApp 的爆炸式自增长。FaceApp 的自增长过程就像爆炸一样，迅速、猛烈。在很短的时间里，FaceApp 在全球范围内疯传，获得了大量的免费新增用户。

FaceApp 是一款基于 AI 技术转变人像图片的应用程序，比如把无表情的脸变成微笑、狂笑或者哭泣的脸。FaceApp 还可以添加一些变老和变年轻的效果，由于技术比较强大，转化的效果比较自然和真实，用户在看到后觉得比较逼真，从而自发传播。在 FaceApp 的众多滤镜中非常火爆的是一种变老效果滤镜，可以让用户看到自己几十年后白发苍苍、满脸皱纹的样子，如图 3-19 所示。在社交媒体中引发传播的很多图片使用的都是这个滤镜，人们对自己以后的样子非常好奇。此前，快手的魔法表情“时间都去哪了”，主打变老的效果，也引起了很大范围的传播。

FaceApp 的变脸效果一开始在中东地区引发了传播，同时在俄罗斯的社交网络 VK 上也引发了大量传播，后来随着 Instagram 和 Twitter 等社交媒体上使用的人越来越多，特别是一些明星的使用带动了更大规模的传播。值得注意的是，在传播的早期，很多明星的“变脸”照片并不是他们自己操作的，而是网友恶搞的，但是这些明星的照片引起了更好的传播效果。很多明星为了跟上这波潮流，开始主动在社交媒体上发布相关的变脸效果，一下子将影响范围扩大到更多角落，让 FaceApp 在短时间内同时登上了全球众多 App Store 排行榜的榜首。这在 App Store 中是十分少见的。

图 3-19　变老特效

在 FaceApp 的传播过程中，用户心理及动机分为几个阶段。在早期，因为功能的体验较好，并且自带传播特点，“变脸”的趣味恶搞意味浓厚，用户开始小规模自发分享，分享的图片带有明显的品牌水印，如图 3-20 所示。功能的趣味性引发了效仿，在中后期已经变成了一种潮流，所以会有更多人效仿，参与其中。

图 3-20　分享的图片带有水印

② 火爆一时的 ZAO。与 FaceApp 类似，陌陌出品的一款产品——ZAO，也是靠着自己的特色功能，迅速在社交媒体中进行自传播和裂变。

ZAO 是一款基于 AI 的“换脸”软件。用户仅需要上传一张自拍照片，就可以通过 App 内的素材将自己的脸换到明星身上，让自己成为大片的主角或者与梦中的偶像搭档。从实际效果来看，ZAO 的人脸融合效果非常不错，融合之后的视频几乎没有违和感，堪称以假乱真。

2019 年 8 月 30 日晚，ZAO 在社交网络中不断刷屏，微信朋友圈、微博热搜，到处都是它的身影。在 App Store 娱乐类 App 的排名中，ZAO 一举超越诸多巨头产品，成功登顶。根据 ZAO 的官方微博透露，ZAO 花费 700 万元租的服务器，一晚上就已经消耗了 1/3，可见传播的火爆。

除了上述例子，在过去几年里，创造“拉新千万”奇迹的百度魔图 PK 大咖、令全民疯玩下载的“疯狂猜图”、屡屡刷屏的“魔漫相机”和 Prisma 都是靠着自传播火起来的。那么，到底什么样的产品或者怎么做，才能引发用户自传播，火爆社交网络呢？

乔纳•伯杰在《疯传：让你的产品、思想、行为像病毒一样入侵》中总结了疯传现象背后的六个核心原则：社交货币、诱因、情绪、公开性、实用价值和故事。用一句话来总结这六个原则，就是产品和思想包含社交货币，容易被激活，能够诱发情绪，有公开性和实用价值，并且融入故事中。如果你的产品具备了这六个特性，那么被疯狂传播的可能性将大大增加。如果你只能运用六个原则中的一两个，那么也能达到不错的传播效果。下面来具体分析这六个原则：

- 社交货币，让用户觉得分享会增加社交价值，能够展现出分享者的高价值。
- 诱因，指能够促使人们想到相关事物的因素。比如，人们提到“狗”就会想到“猫”。
- 情绪，大众往往会分享那些触动他们情感的事物。所以，要激发正确的情感，要点燃情绪之火。有时，即使是负面的情绪，也会带来正面的效果。

- 公开性，事物越醒目，就越容易被模仿，流行起来的可能性就越大。人们都能够看到的产品，就有增长的潜力。
- 实用价值，人们更喜欢分享有用的信息，有用的事物的重要性不言而喻。
- 故事，你需要把你的产品嵌入大众愿意讲述的故事中，信息会潜藏在闲聊中进行传播。

3.4 找到自己的目标渠道

上述用户获取渠道都有自己的特点，能够触及的用户类型和量级都是不同的。不同的产品和在不同阶段的产品选择的渠道都会有所不同。那么此时的问题就变成了针对一个产品如何选择最适合的获客渠道，下面简单总结为三步。

3.4.1 第一步：了解产品的目标用户

首先，你需要知道产品的目标用户是谁，大概是什么样的一群人，有没有明显的人口统计学特征或者明确的用户行为特征。你只有充分了解了你的目标用户是什么样的，才能知道最有可能通过什么渠道找到他们。

下面讲一个我们之前做过的非常失败的案例。我们曾经给一个语音聊天交友类产品做过推广，产品内有一个基于地理位置的同区概念，我们为了更好地增大部分地区的用户密度，选择在特定小区地推的方式获取用户。我们想当然地认为在周末时，大部分年轻人会在小区里，因此我们选择了在一个周末去小区的广场上通过舞蹈等节目吸引人流进行地推。我们到现场后才发现，周末上午广场上全是买菜回来的大妈或者带孙子玩的大爷们，许多年轻人在家里睡懒觉，后来的效果可想而知。

3.4.2 第二步：认识产品的特点和所处的阶段

产品的特点直接决定了渠道是否可用，比如很多产品都希望能够引爆社交网络，形成病毒式传播，可是能够引起传播的产品一般都是大众需求的、门槛较低的，当有更多人参与后，带来的用户体验会持续提升，才有可能引爆网络。相反，如果你的产品是一个小众的工具 App，那么很难进行病毒式传播。

除了产品的特点，产品所处的阶段也会影响获客渠道的选择。比如，在一个社区产品的初期，整体的社区调性和目标用户群还未形成，如果我们直接通过付费渠道获取大量用户，那么对于社区的形成无疑是一次灾难。知乎和很多社区类产品在早期采用邀请进入的制度，就是为了避免进入用户过杂，从而破坏社区氛围。当一个工具类产品已经验证了需求，并且有着较好的收费模式后，LTV/CAC 远远大于 3，此时我们就应该开始通过大规模付费渠道来获取用户。

有些产品在公司的矩阵中有着特殊的战略地位，或者外部已经有了强劲的竞争对手，为了更快地扩张和覆盖用户群，往往会在产品初期就采用激进的增长策略，然后在用户增长的过程中去解决存在的问题。

3.4.3 第三步：渠道测试和渠道优化

在完成了前述的第一步和第二步后，我们基本可以圈定自己的获客渠道，进行渠道测试和渠道优化。主要的获客渠道不要太多，一般为一两个。

渠道测试的本质是验证渠道的 CAC，然后取得用户的留存率、LTV 等数值，从中筛选出有优化空间的渠道。在找到了用户获取的最初几个渠道后，我们紧接着要进行渠道优化。渠道测试和渠道优化经常会一并进行。

渠道优化的前提是对渠道的用户获取路径的数据进行追踪和拆解，优化方法的本质是对用户获取路径的漏斗进行优化。比如，一般付费广告推广的渠道。首先，对于广告素材的选择是非常重要的，如果选择的广告素材非常吸引用户，但是广告素材与产品本身传递给用户的预期是不符合的，那么极容易造成获取用户的效率很高、获取成本很低，但是用户的留存率和活跃度不好、LTV 极差。我以前在做一个内容社区类产品付费推广的时候，因为选择的广告素材与产品端内的内容调性差距较大，所以整体留存率非常差。后来采用的优化方法是从社区内直接选用优质内容作为广告素材，这使得 LTV 明显提升。为了更好地满足用户的预期，我还采用了深度链接（deeplink，一般通过 Web 页面直接调用 Android 原生 App，并把需要的参数通过 URL 的形式直接传递给 App）的方式，给通过特定广告进入产品的用户推荐特定的相似内容，极大地提高了新用户的留存率。

第 4 章

增长的基石：提高留存率

在第3章中，我们分析了在用户增长过程中如何做用户获取。当用户使用我们的产品后，我们需要重视的问题就发生了转变，这个时候要把所有精力投入增长模型的另一个因素——留存率中。有很多产品因为留存率不好，最终在竞争中逐渐被对手甩开。

很多短期爆款甚至现象级的产品，在刷爆社交媒体、带来海量免费安装后，因为自身产品的问题，根本无法承接用户，最终“来得快，去得快”。还有更多的产品因为留存率差，甚至都没能进入大众的视野。陌陌CEO唐岩说过，新用户的30日留存率15%，是一个产品的生死线，很多产品就死在这条生死线上。目前，国内很多公司，比如腾讯、阿里巴巴等，都会在内部孵化很多创新的项目和产品，其中留存率是衡量是否持续投入更多资源的一个重要的判断指标。

留存率是用户增长的基石，就好比一串“0”前面的那个“1”，如果没有这个“1”，那么即使“0”再多也毫无意义。下面会详细分析用户留存的原因以及如何有效提高产品的留存率。

4.1 重新认识留存率

4.1.1 什么是留存率

留存率是一个经常被提起的指标。我们经常听到有人说，某个产品的留存率很好，能达到多少多少，或者某个产品的留存率不到30%等。其实，从严格意义上来讲，这些描述都是模糊的、不准确的，甚至是有问题的。

从留存率的计算方式上，其实可以给留存率下一个定义：**留存率是一批用户在一定时间间隔里，某些行为重复发生的比例**。

从定义中可知，当我们提到一个产品的留存率时，必须先明确三个因素：

- 哪一批用户？（是新用户、活跃用户、注册用户，还是非注册用户？）
- 时间间隔是多长？（是5分钟、1天、1周，还是1年？）

- 有哪些行为？（是后台活跃，还是前台活跃？是使用过主要功能，还是停留时间超过 1 分钟？）

因此，某个产品的新用户次日前台活跃人数占比为 50%的意思是某一天的新增前台活跃用户次日还在前台活跃的比例是 50%。另外，随着时间的推移，留存率的变化情况是一个衰减的过程，如图 4-1 所示。

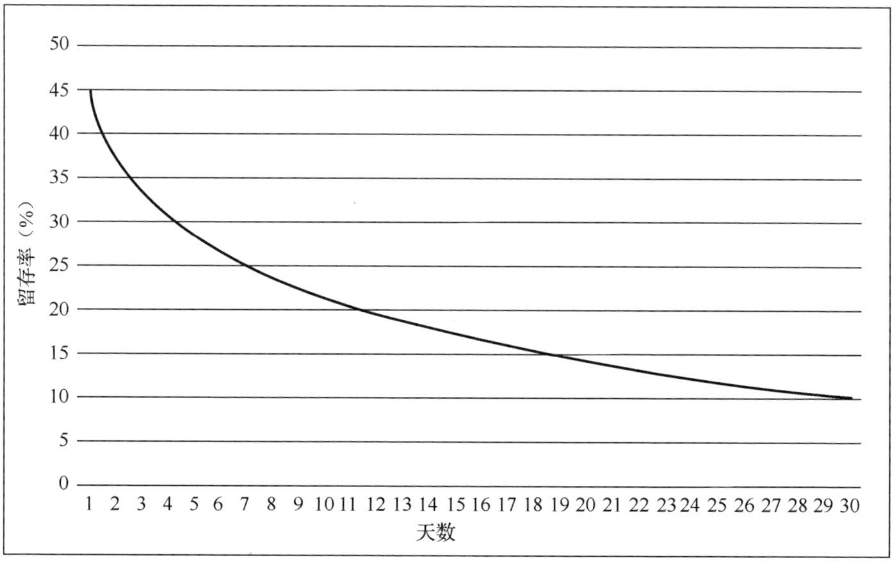

图 4-1　留存率衰减曲线

4.1.2　常用的留存率

在我们的日常工作中常用的留存率如表 4-1 所示。

表 4-1　常用留存率

常用留存率	解释	使用场景
新增用户次日留存率/7 日留存率/30 日留存率	新增用户在次日/第 7 日/第 30 日依然活跃分别所占的比例	衡量新用户是否持续使用产品
活跃用户次日留存率/7 日留存率/30 日留存率	活跃用户在次日/第 7 日/第 30 日依然活跃分别所占的比例	衡量老用户是否还在持续使用产品
发生“关键行为”的活跃用户次日留存率/7 日留存率/30 日留存率	发生“关键行为”的活跃用户在次日/第 7 日/第 30 日依然活跃的比例	观察用户是否持续使用某个特定功能

在日常工作中，新增设备 / 用户的次日留存率是一个非常重要的指标，我们基本可以通过这个指标为一个新产品“把脉”。我的一个朋友上线了一个内容消费类产品，新用户的次日留存率不到 15%，当他还在分析内容调性是否不对的时候，根据这个留存率，我建议他实际使用一下自己的产品。我认为这个产品一定存在巨大的体验问题，要么是网络优化没做好导致内容无法展现，要么是客户端性能差导致频繁崩溃。后来他经过排查，原因果然是后者。

我们经常使用的另一个留存率指标是活跃用户 / 设备的留存率，因为活跃用户既包括新用户，又包括老用户，所以这个指标可以很好地反映出一些新用户长期留存的情况。当你做了一些产品策略、功能上的改动时，通过这个指标就能大概知道新用户的长期留存率如何，不用真的等到一个月后再看长期留存率。同时，活跃用户留存率较高的产品，本质就是因为新用户的短期和长期留存情况都很好。比如，抖音和快手的活跃用户次日留存率基本都在 70%以上的水平，这个水平的活跃用户次日留存率说明用户的长期留存率很高、用户流失很少。留存率曲线甚至会出现“微笑曲线”，即用户的留存率在经历一段时间的下降后，反而出现上升的趋势，形成像笑脸一般的弧线。

除了上述的常见留存率，还有一些计算 7 日留存率、30 日留存率的数据，本质上只是计算的时间间隔变了，是从更长的时间范围内看用户的留存情况，对我们日常的工作作用不大，因为不能迅速地反映出产品内的变化。

留存率主要用于衡量产品的用户黏性或者用户持续使用的比例。除了留存率，月均活跃天数、DAU/MAU 等数据也可以用来衡量产品的用户黏性，这里不再赘述。

4.2 用户为什么留下来

4.2.1 业内主流的看法

在讨论如何提高留存率之前，我们要明白用户在使用了一个产品后，为什么会继继使用。

有很多人给出了一些模型，比如尼尔·埃亚尔(Nir Eyal)在《上瘾》中分析了用户上瘾模型，把触发（trigger）、行动（action）、多变的酬赏（variable rewards）和投入（investment）四个因素组成一个让用户上瘾的循环。

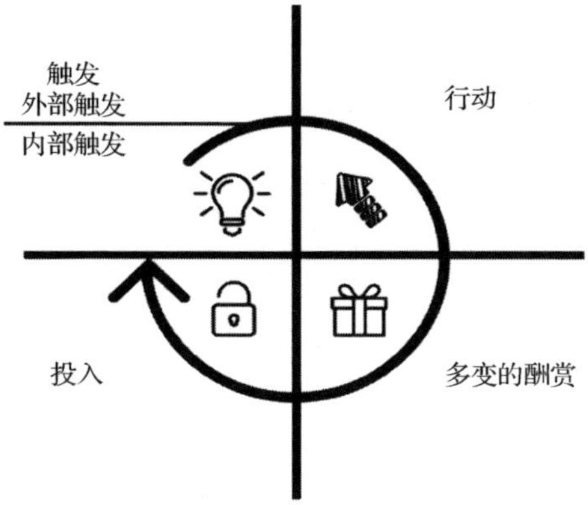

图 4-2　上瘾模型

- 触发：用内部和外部因素让用户想起你的产品。我们要向用户传达产品的特点，让用户在特定的场景下想起我们的产品。比如，用户如果想聊天就会想起微信，想订外卖就会想起美团或者饿了么。
- 行动：让用户清晰、高效地开始和结束。在触发后，用户开始行动，我们需要保证用户在行动的过程中不会受到阻碍，路径清晰，步骤高效，要让用户尽快开始和完成行动。
- 多变的酬赏：在不同场景下给用户不同的激励。当用户行动后，我们要给予用户足够的、合适的激励。对于用户不同的行为，我们要给予他们不同的激励。
- 投入：让用户参与到产品中来，加深他们的印象，以便下次触发，完成正向循环。我们要让产品对他们产生独特的价值，提高替换的成本。

福格行为（BJ Fogg）模型也在一定程度上告诉我们，如何改变和引导用户的行为，让用户可以更好地留存下来（如图 4-3 所示）。

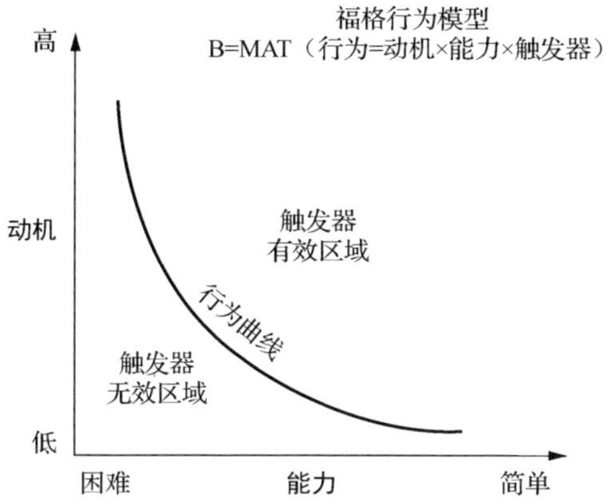

图 4-3 福格行为模型

福格行为模型本身非常简单，包含三个基本元素：

- 动机（motivation）。
- 能力（ability）。
- 触发器（trigger）。

任何一个行为的发生都需要满足以上三个要素。人们需要有产生行为的动机、产生行为的能力，以及一个合适的触发器。要想提高用户留存率，就需要让用户产生使用的动机、提升用户的使用能力（降低使用难度）、恰到好处地提供使用渠道。

4.2.2 只有超出预期才能留存

在看了这些关于留存的模型后，你可能觉得它们有些复杂，不太容易理解，并且有的似乎与我们的业务不能完全对应上。结合我之前所做的提高留存率的实践来看，有一个原则是留存的本质约束：**产品提供的服务需要超出用户的预期。**

在这个约束里，我们首先要满足用户的预期。所有新用户在下载、安装产品并打开产品后，都会有一定的预期。我们使用的所有宣传渠道或多或少都会告诉用户，我们的产品是做什么的、能解决什么问题，如果带着这些预期的用户在第一次使用产品之后，没能感到预期被满足，基本就会弃用我们的产品。只有达到甚至超出用户的预期，用户才有留下的可能，这也是用户能够留下的唯一理由。

我们之前做过一款移动直播产品，在向用户宣传的过程中，重点突出“实时互动”的特点。几乎从所有渠道过来的用户，都带有一种能在直播平台里实时互动的预期。无论是来开直播的用户，还是进入直播间观看的用户，都认为会有很多人与他们实时互动。为了满足这个预期，我们尽可能优化直播间的人数分布，保证主播在刚开播的很短时间内就会有人进入直播间，如果人数过多不利于主播和观众互动，我们就会减少直播间的推荐，减少观众的进入人数，同时在直播间中增加多种互动的场景，并给予用户足够的互动引导。这样，随着用户互动频次的增加，用户留存率稳步提升。这其实就是抓住了用户的预期，并进行了比较好的期望满足。

4.2.3 用户预期的变化

在 4.2.2 节中我们可以得出一个结论，**留存的本质是超出用户的预期**，但用户的预期其实在使用过程中是变化的，预期可能会越来越高，甚至会完全变化。

比如，在最初使用音乐 App 的时候，我的预期是找到想听的歌，后来的预期可能就变成了自动向我推荐喜欢的歌曲。我对音乐 App 的预期越来越高。我最初使用淘宝的时候，能够买到自己喜欢的东西就已经很满意了，但是后来逐渐希望物流可以更快、支付可以更方便。随着市场竞争越来越充分，对于用户逐渐提高的预期，总有平台能够满足。这就相当于竞争对手提高了用户的预期。如果你不能跟进满足用户的预期，那么用户必然离你而去。

比如我们在使用马蜂窝的时候，一开始纯粹是为了查看旅游攻略，当我们看了很多攻略后，自然会有实际去旅游的想法，于是就会产生订机票、订酒店的需求，因此马蜂窝就会去承载这些变化的需求。随着需求的变化，产品或者业务也需要跟着做出改变——扩充或者调整，这样才能获得更好的留存情况。如图 4-4 所示，马蜂窝已经上线了订机票、订酒店业务。但是需要补充的是，有时候对于用户期望的错误判断，会导致产品不停地堆砌功能，导致主路径不明，最终反而连最基本的预期也满足不了。这是很多产品经理都容易犯的错，将个别用户的零星行为当成了大部分用户的行为，不停地开发新功能，而忽视了大部分用户的主要行为。

图 4-4　马蜂窝的主页

因此，在满足用户预期这件事情上，在不同用户阶段是不一样的。我们一般可以根据用户使用产品的时间将用户分为短期用户、中期用户和长期用户，对应到留存率上就是短期留存率（1～7 天）、中期留存率（8～30 天）、长期留存率（超过 30 天）。这三个阶段对于提高留存率分别有不同的侧重点，下面先从短期留存率说起。

4.3 如何提高短期留存率

留存新用户所经历的过程如图 4-5 所示。

从图 4-5 中可以看出，用户留存经历了三个主要过程。当用户第一次了解到这个产品时，不论是看到广告，还是经其他朋友推荐，都会在最初形成一个初步的预期和印象，觉得这个产品大概是干什么的。

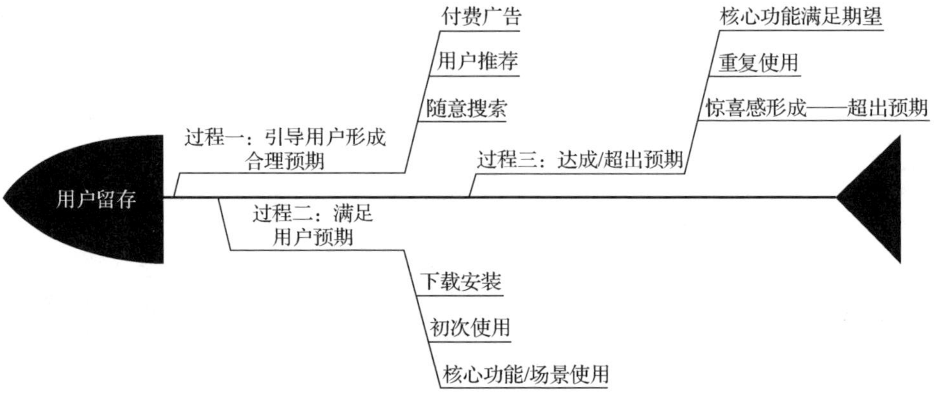

图 4-5　用户留存的过程

用户在下载并安装产品后，就开始了一步一步地验证自己的预期是否能被满足的过程。如果在使用产品的最初阶段，产品很好地承接了预期，没有产生太大的偏差，那么这个过程就是预期满足的过程。接下来，用户能够很明显地感受到这个产品原来是这样用的，能够多次在主要流程中感受到预期被满足，甚至能够发现其他更惊喜的点，那么这个过程就是达成预期和超出预期。一旦产品超出了用户预期，使用户形成了特殊的心智认识，那么用户很可能就会留存下来。

这三个过程都分别有具体的侧重点，下面从这三个过程中具体分析如何去做。

4.3.1　过程一：引导用户形成合理预期

1. 定义合理预期

从产品的角度来看，用户的合理预期其实就是这个产品为用户解决问题、满足用户的需求。因此，在传达给用户合理的需求前，我们必须定义清楚产品所能提供的合理预期是什么，即满足了什么用户在什么场景下的什么需求。需求分析的方法很多，这里提供比较实用的几个。

- 对活跃用户进行访谈，询问他们使用产品的原因和动力，比较有效的问题是询问他们推荐产品给别人时的推荐语是什么。我们曾经在2G时代做了一款免费网络电话的产品，该产品有一段时间留存率比较差，我们分析了很久也找不到具体的原因，后来给那些流失的用户打电话询问原因，最终得到的结果惊人的一致，就是在通话过程中卡顿。我们再对一些忠实用户进行电话访谈，询问他们如果向别人推荐该产品，会怎么介绍，大部分人都说这是免费流畅的电话。这就是用户对于产品的预期。

- 将产品内部的主要行为路径拆解出来，看主要路径的用户占比及对应的留存情况，由此判断对用户最有用的一些点。我们在做直播类产品的时候，在分析用户的行为数据时，发现有过直播间互动行为的用户的留存率会比其他用户的留存率高得多。我们判断直播间的互动行为是对用户非常重要的预期。后来在用户访谈中得到了验证，很多用户看直播就是因为在实时直播中可以互动。后来，在优化产品时，我们充分强调了互动的重要性，对留存率的提高起到了很好的作用。

2. 将预期传达给用户

在有了合理的预期之后，下一步就是将这个预期准确地传达给用户。这一步最容易犯的错是负责获取用户的人员和产品运营人员之间信息沟通不顺畅。我之前在做一个短视频社区的时候，负责推广的同事通过 ASO 的方式获取了很多新增用户，蹭了很多关键词的流量。这确实新增了很多用户，但是这些用户的留存率非常不理想。我发现他蹭的很多关键词与我们的产品类型或者说与用户的预期完全不符。

因此，要想将预期传达给用户，就需要负责推广的人员、负责产品和运营的人员一起讨论最符合产品预期的产品特性，然后基于此制作广告素材或者优化关键词。我们需要关注以下几点：

- 广告素材、ASO/SEO 关键词是否符合产品特征。
- 商店描述、产品介绍图是否有夸大。
- 产品名称、Logo 是否有歧义。
- 用户自传播的素材（分享到社媒的文案、Slogan 等）是否符合产品特征。

4.3.2 过程二：满足用户预期

在满足用户预期的过程中，最重要的有两件事。

一是承载不同渠道的用户预期。不同渠道的用户极有可能有不同的预期。比如，对于内容类社区产品来说，有的通过搞笑素材吸引用户，有的通过猎奇类信息吸引用户。当用户使用产品后，我们应该通过展示与其预期相对应的内容来承接。这里常用的办法是通过 deeplink，在用户安装产品后，将广告素材通知客户端，从而为其提供符合广告素材期望的内容。

二是让用户尽可能快地感知到核心功能、满足预期。当一个新用户使用产品时，我们需要在很短的时间里，让他感知到最可能符合他预期的功能。我们经常使用的办法就是核心路径的漏斗分析。我们可以把新用户使用产品核心功能的中间过程都拆解出来，然后统计出所有的漏斗数据，从漏斗出发解决问题，删掉多余的步骤和优化必要步骤的转化。

musical.ly 创造性地去掉了视频列表，让用户打开产品后直接面对内容，更快地感受到视频内容。后来，抖音也效仿了 musical.ly 的设计，如图 4-6 所示。对于很多直播类 App 来说，新用户在打开 App 后，会直接进入一个优质的直播间，这也是为了让用户跳过筛选的步骤。

在优化必要步骤的转化上，常用的方法是新手引导。对于很多游戏来说，在新用户第一次进入游戏后，新手引导会让用户尽快了解到游戏的核心玩法。同样，对于一些语音聊天室来说，因为本身玩法较为复杂，所以它们会开设很多接待新用户的聊天室，在新用户进入后，里面有老用户带着新用户一步一步熟悉玩法。

图 4-6 抖音首页无列表样式

4.3.3 过程三：达成/超出预期

在经过前面两个过程后，用户基本已经知道了产品的特点，很可能已经和自己的预期达成了匹配。这个时候，我们需要让用户重复感受核心价值或者向用户提供另一种超出预期的体验。

比如，对于搞笑社区类产品，当用户第一次完成搞笑内容体验之后，我们应该向他们推荐更多的搞笑内容。当他们离开产品后，我们可以通过适当频次的新用户召回 push，让他们尽可能多地看到搞笑的内容。除了本身内容好看这一预期，如果用户可以在搞笑社区内自己发布一条内容并引起其他用户的关注和讨论，这将是超过预期的体验。所以，及时地推动用户主动发帖、评论等都会给他们带来超过预期的体验，从而让他们长久地使用产品。

4.3.4 主要产品类型的新用户短期留存情况

这里简单列举较为成功的主要产品类型的新用户短期（次日）留存情况，可能会有误差，仅供参考，如表 4-2 所示。

表 4-2 新用户短期留存情况

产品类型	短期（次日）留存率范围	参考
社交类 App	70%以上	微信、Facebook、Instagram、WhatsApp、SnapChat
短视频直播类 App	45%～60%	快手、抖音、YY、虎牙
工具类 App	40%～50%	美图秀秀、Inshot、清理大师

4.4 如何提高中长期留存率

我们做过一款短视频消费的产品，在持续优化了短视频内容后，次日留存率达到了一个比较理想的水平，但是用户的 7 日留存率和 30 日留存率一直处于较低的水平。这是很多产品都会遇到的中长期留存率较差的问题，那么我们应该如何提高中长期留存率呢？

4.4.1 提高中长期留存率的关键：持续为用户创造不可替代的价值

在 4.3 节中，我们讨论了如何提高短期留存率。提高短期留存率的核心原则是要符合或者超出用户的预期。满足用户的预期其实就是给用户创造价值。如果我们希望用户长久地使用产品，那么我们的产品一定要为其持续地创造价值，即要持续地满足用户预期。

我们已经知道了用户的预期是随着时间变化而变化的，并且预期越来越高。

如果我们的产品不能有效地随着用户预期而变化，那么中长期留存率必然极速下降。我们做过一个直播类的产品，该产品的短期留存率基本达到了预期，在业内处于比较好的水平，但是长期留存率不理想，留存率曲线如图 4-7 所示。

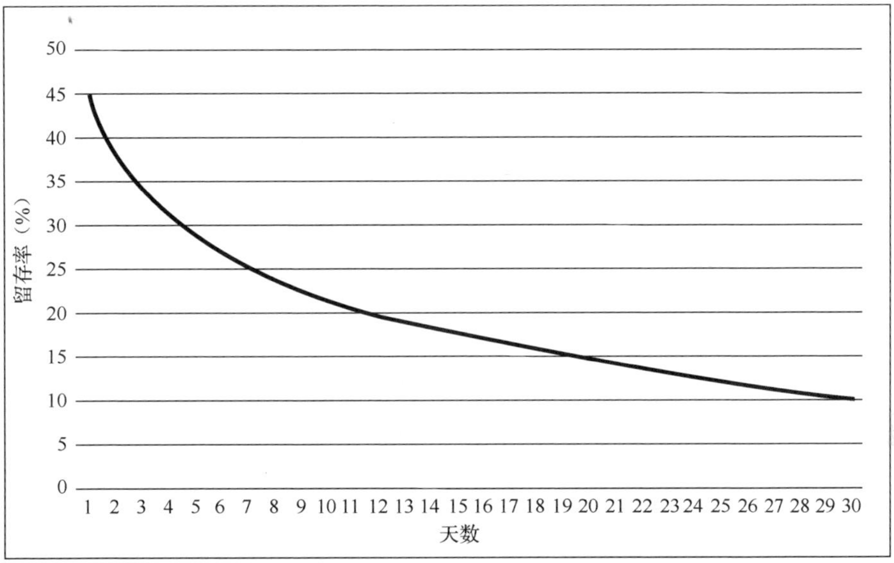

图 4-7 某直播 App 留存率 30 日内变化曲线

由留存率衰减曲线可知，新增用户的短期留存率较为理想，但是一周以后，中长期留存率较差。单独拉出新用户的 30 日留存率来看，如图 4-8 所示。

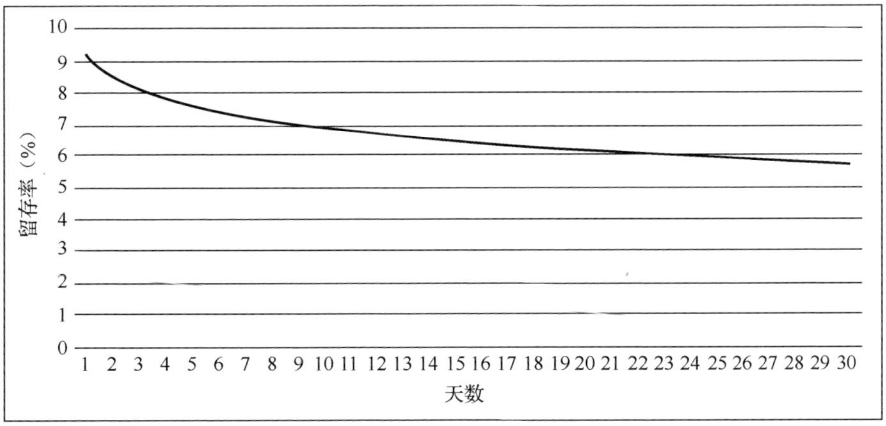

图 4-8 30 日留存率变化曲线

从新用户30日留存率变化曲线来看，随着时间的推移，整体的用户中长期留存率逐渐变差，但是App内的直播间、主播和产品侧并没有特别大的变化。

一个直播平台对用户初期的最大价值或者用户初期对一个直播平台的预期一定是在这里找到一些内容好看的直播间，然后可以轻松地与主播互动，这种体验是此前的非直播平台很难提供的。所以对于平台来说，用户深入观看直播的个数和互动情况都是和留存率密切相关的指标。我们将新用户的有效观看直播的比例和互动的比例，以及老用户的有效观看直播的比例和互动的比例，分别取最近一个月的数据观测，如图4-9所示。

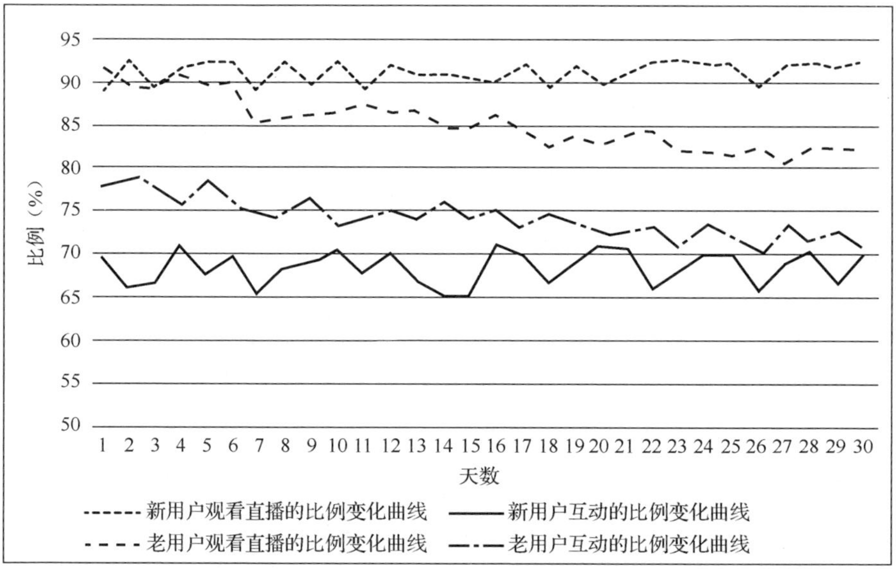

图4-9 新老用户观看直播和互动的比例变化曲线

从图4-9中看出，新用户观看直播的比例和互动的比例没有特别明显的降低，甚至还略有提高，但是老用户观看直播的比例和互动的比例明显下降了。这其实也解释了新用户的短期留存率没有大的变化，中长期留存率衰减的原因就是直播平台给用户传递的感受价值（提供内容好看且互动性高的直播间）在逐渐衰减，但是平台上的直播间和主播并没有大幅度变化，也就是说平台自身提供的价值并没有变化。这里涉及两个概念：

- 用户感受到的价值。
- 产品自身提供的价值。

用户感受到的价值是指用户在使用产品的过程中真正觉得的价值，产品自身提供的价值是指站在产品侧觉得自己提供给用户的价值。这里其实是有一个差值的，用户感受到的价值，可以定义为：

用户感受到的价值＝产品自身提供的价值－用户的预期

如果用户感受到的价值是正的，那么说明产品提供的价值大于预期，用户是满意的；如果用户感受到的价值为负，说明产品提供的价值距离用户的预期是有差距的，那么用户感受到的价值将会缺失，会直接导致用户放弃使用产品。在这个例子中，虽然产品自身提供的主播和直播间没有太大变化，但是用户在经过一段时间后自身预期是在提高的。用户预期提高后，我们提供的价值如果没有变化，那么用户感受到的价值必然会降低。

对于直播平台来说，因为新用户没有接触过这种娱乐方式，感受到的价值巨大，但是随着时间推移，平台如果不能提供更精彩的直播或者更有价值的内容，用户感受到的价值就会逐渐消失。当用户感受不到价值的时候，就必然会离开了，甚至当用户在其他平台感受到的价值高于我们平台的价值时，也会离开。

我们做了一系列用户访谈，特别是对于不活跃用户和流失用户，最终得到的结论类似。在对长期留存用户的访谈中，我们得到的一个重要信息是他们之所以一直使用我们的产品，主要是因为在产品内关注了若干主播，并与他们形成了良性的互动关系。因此，让用户快速地在直播间中产生关注行为，对于提高中长期留存率是有帮助的，这也是产品所提供的更深层次的价值。因此，我们将提高用户的关注数作为提高用户中长期留存率的核心路径。

回顾上述过程，在新用户刚使用产品时，我们的直播平台通过直播间本身的精彩内容和互动机制，给新用户提供了较高的感受价值。当经过一段时间后，随着用户预期的提高，他们感受到的价值是在降低的，这个时候中长期留存率出现了衰减趋势，提高中长期留存率的核心关键点是提高用户的感受价值，在用户预期增高的情况下，增加直播平台更深层的价值，让用户更多地关注主播，形成稳定的关注关系。这样，用户在使用产品的过程中，随着时间的推移，关注的主播会越来越多，得到的体验会越来越好，就会一直留在平台上。

4.4.2 如何持续创造不可替代的价值

在前面的章节中，我们知道了提高中长期留存率的关键是持续创造不可替代的价值，那么到底应该如何持续创造不可替代的价值呢？

我们还要从满足用户预期的角度考虑，因为用户的预期是在变化的，所以满足用户预期的方式或者提供的价值也需要变化。我们首先需要明确用户的预期到底变成了什么。明确用户预期即需求变化的基本方法有数据分析和用户调研两种，这两种方法一般结合使用，互为佐证，具体如下。

1. 通过数据分析，挖掘老用户预期

我们需要从用户身上找到答案，因为已经有一些老用户能够长期留下来，如果可以找到这些老用户留下来的原因，就能知道老用户的预期到底是什么。老用户的预期基本可以帮助我们确定产品在用户使用一段时间后，为用户创造的不可替代价值是什么。

数据分析的第一步是选取要研究的老用户。老用户是指安装时间超过一定期限（如 7 天）的用户。

在圈定了要分析的用户群之后，第二步要重点研究不同的行为对留存率的影响。首先，我们需要定义用户的行为，行为的定义一般根据产品的功能和用户的主要路径进行，比如，在前述的直播平台例子中，就可以定义关注主播行为、参与互动行为、打赏礼物行为等。其次，看不同行为对于用户留存的影响，比如对于关注行为，我们可以对比有关注行为的用户和没有关注行为用户的留存率，如图 4-10 所示。

同样，在有关注行为的用户中，我们也可以分析不同关注人数对留存率的影响，如图 4-11 所示。

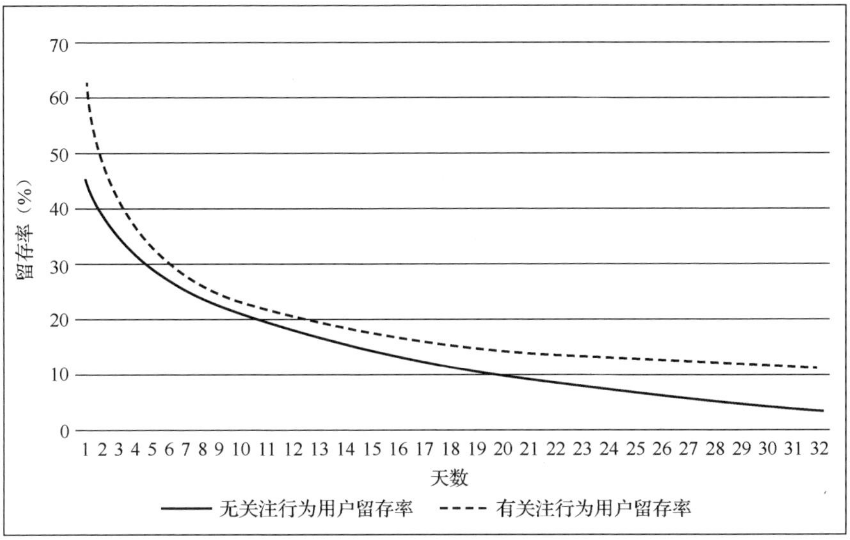

图 4-10　有关注行为与无关注行为用户留存率对比

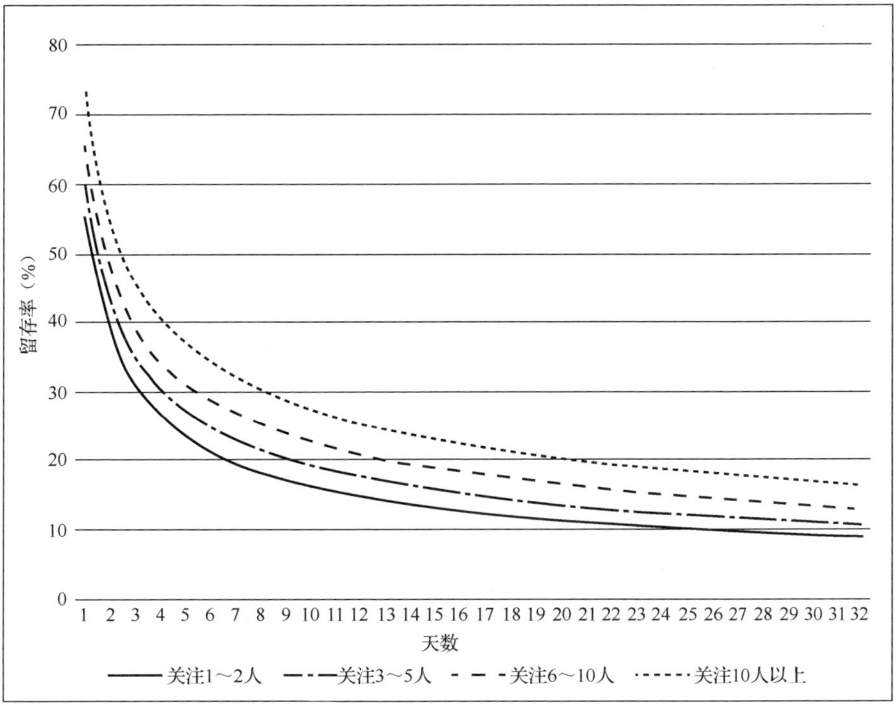

图 4-11　不同关注人数对留存率的影响

从图 4-11 中可以知道，当关注人数达到 10 人时，用户留存率有非常大的提高，因此我们可以将关注人数达到 10 人作为影响用户中长期留存率的一个潜在因素。

通过上述方法，我们可以依次将用户的各种可能行为都分析一次，这样就能得到很多潜在因素，这些因素都有可能是影响用户中长期留存率的关键因素，也就是老用户留存下来的主要预期。

值得注意的是，上述用户和留存率之间可能是相关关系，而不是因果关系。比如，用户关注人数和留存率的关系极有可能是相关关系，因为用户很活跃，所以他关注的人数多，但是不能简单倒推出只要关注的人数多，留存率就高。我们曾经基于这个简单推导过程做过一次试验，当用户进入 App 的时候，我们推荐他关注一些人。在很多 App 里应该都能看到推荐关注功能，如图 4-12 所示。

图 4-12　某 App 推荐关注页

最终试验上线后，实验组的人均关注量涨了很多，但是最终留存率并没有明显提高。这就是错误地把相关关系当作因果关系了。

因此，在得到这些潜在的关键因素后，我们仍需要去想背后的因果关系，比如关注人数较多的用户留存率较高，可能是因为他们觉得主播的类型比较丰富，而且都是自己喜欢的，会比较容易产生互动，进而进行了关注，又因为关注的主播开播，自然经常回来看，从而导致留存率较高。如果按照这个逻辑，那么关注人数多只是最终的表象，本质的原因还是主播的丰富度和互动性。基于这个假设，我们可以做更多的试验去验证。

2. 老用户访谈

数据分析主要通过一些比较理性的推理去解释用户留下来的原因，需要通过试验去验证。为了提高试验的效率，我们可以通过定期的老用户访谈，验证通过数据分析得到的假设。

用户访谈的用户挑选与数据分析类似，也需要选择一段时间的老用户，但尽量选择仍活跃的用户。在访谈的时候，我们要尽量多关注用户的日常使用路径，询问其对产品使用的满意度和满意的功能点。我们可以让用户尝试用一句话推荐给其他人，这一句话就代表了他对产品的预期和这个产品最打动他的点。我们可以把通过数据分析得到的关键因素包装成问题，试探用户的反应，比如对于用户关注，我们可以询问用户在日常观看直播的过程中有过关注主播的行为吗、关注的原因是什么等问题。我们要多问几个为什么，探索用户背后真实的原因。

在进行用户访谈的过程中，我们经常会遇到用户提出来新的价值点，这些价值点可能是我们之前忽略的。在知道了这些新的价值点后，先不用去进行相应开发工作，因为它们可能只是一个用户的个人行为，我们需要把它们收集起来，然后通过数据分析的方法验证。

通过数据分析和用户访谈，我们就可以明确用户的预期到底变成了什么。在明确了用户的预期变化后，我们需要迭代现有的产品功能或者运营策略，从而更好地满足用户的预期，提高留存率。迭代过程一般是提出一个明确的假设和解决方案，通过试验的方式验证。

在前面的直播平台例子中，我们知道增加用户关注人数可以极大地提高用户的中长期留存率，通过分析我们知道本质的原因是主播的丰富性让用户即使看了很久也依然可以看到新鲜、有趣的直播。因此基于这个分析，我们可以提出一个产品迭代的解决方案，一般称之为产品 / 运营需求。

通过上述分析，优化和提高中长期留存率的核心迭代步骤为：

A. 明确用户预期变化；

B. 分析得出潜在假设；

C. 基于假设，依靠产品 / 运营试验完成验证。

4.4.3 沉默用户的唤醒和流失用户的召回

在 4.4.2 节中，我们重点分析了如何从满足用户预期的角度解决老用户预期变化的问题。这是从本质上提高用户中长期留存率的方法。但是在实际操作中，这种方式往往见效比较缓慢，存在的一个问题是，如果用户的活跃度不高，那么可能我们做的所有优化，用户都无法感知到，特别是一些已经长时间未使用产品的沉默用户，甚至是已经濒临流失的用户。为了解决这个问题，让产品所有的改动影响更多的用户，沉默用户的唤醒和流失用户的召回将变得十分重要。

1. 沉默用户的唤醒

沉默用户一般指在近期未活跃但还没有卸载 App 和流失的用户，这种用户处于一个即将流失的状态中。沉默用户产生的原因也是用户感受到的价值比较小、预期没有被充分满足。沉默用户一般可以细分为两类。

- 第一类是未能完整感受产品价值的用户。这种用户产生的原因可能是用户在首次使用产品的时候，因为各种原因，比如被其他事情打断或者产品本身的设计有问题，没能走完产品的核心主路径，进而未能完整地感受到产品的价值，没有体会到“啊哈”时刻。这类用户的预期本来是可以被满足的，因此如何创造更多机会让他们能尽快感受产品是一个比较关键的问题。

- 第二类是完整体验了产品功能的用户。这种用户产生的本质是预期没能被很好地满足或者被部分满足。这个时候产品对用户来说比较鸡肋，“食之无味，弃之可惜”。在这种情况下，用户是比较容易流失的，但也是我们可以争取的，处于摇摆之中。我们需要通过其他的方式尽量让这种用户留下来、多使用产品，从而给产品一些时间去满足他们的预期。

对于第一类沉默用户，我们要让他们有机会更多地体验产品。对于第二类沉默用户，我们要给他们留下来的额外理由。这两个关键问题可以抽象到一起，就是**如何主动触及用户，帮助用户形成使用习惯**，这有点像学校里老师主动帮助部分学生形成学习习惯。

目前常见的主动触及用户的方式是 push 和角标两种形式。push 即推送，通过发布推送消息，提醒用户使用产品。push 是一种很好的主动触及用户的方式，但是如果滥用就会导致严重的骚扰，甚至刺激用户卸载产品。push 在一般意义上可以分为两大类。一类是产品自身功能性的 push 通知，比如我们经常看到的微信的新消息 push 通知，如图 4-13 所示；在抖音和快手里，作者在发布作品后收到的点赞、评论等 push 通知都属于产品自身的功能性通知。另一类是运营类通知，比如运营发布的活动 push 通知、一些热门消息通知、一些新闻客户端推送的热门新闻消息等。

图 4-13　push 通知截图

push 是一把双刃剑，它可以帮助我们提高留存率、拉高日活，比如在今日头条早期的日活用户中，有接近 40%的用户是通过 push 拉起的，但是很多产品因为使用 push 不当，反而造成了极其严重的用户吐槽和卸载问题。在使用 push 的时候，我们需要注意以下几点约束：

- 控制 push 的频率和总条数。对于一般运营类的 push，我们需要在一天中保证不能超过太多的条数，同时需要控制频率，比如一天最多推送 6 条，一小时最多推送 1 条。合适的频率控制会很好地降低骚扰的可能性。当多条 push 同时发送给用户时，就会造成连续的 push 通知，用户的体验会很差，也会影响每条 push 的点击率。
- 控制 push 发送的时间点、时间段和有效期。push 的发送需要配置在合适的时间点，我们要尽量选择用户比较容易接受的时间点，比如午饭时间、晚饭后的休息时间。我们要尽量避免在半夜给用户发送 push，以免打扰用户。同时，我们一定要给每条 push 配置一个有效期，不然当用户隔了比较久的时间打开 App 后，就会因收到了特别早的 push 而忽略了新的 push 通知。

- 监控负向指标。在发送运营类 push 的时候，我们一定要关注负向指标的监控，调节 push 的频率、总条数、时间点等。我们一般要关注两个负向指标，一个是关闭 push 功能的用户占比，特别是 iOS 用户，另一个是用户的卸载率。我们需要长期关注这两个指标，特别是在调整了 push 策略后。

在以上约束条件下，就可以尽量发挥 push 的作用了。push 本身的产品价值是帮助用户在合适的时间关注合适的事情。如果产品内部发生了与用户相关的事情，那么给用户推送通知是必不可少的。如果微信的新消息没有 push 通知，那么一定会让用户错过很多重要的信息。到达率和点击率这两个重要指标是衡量 push 的关键指标。

到达率是指服务器发送 push 到用户收到 push 的中间转化率，有消息维度和设备维度两个到达率；点击率是指用户在看到 push 后的点击率，也有消息维度和设备维度两个点击率。如何提高到达率和点击率是 push 需要重点解决的问题。点击率主要依赖 push 运营人员，配置更吸引人的文案和图片、选择更新颖的 push 样式都会影响 push 的最终点击率。

要想解决 push 到达率的问题，主要从技术层面考虑。在 iOS 平台上，因为苹果手机提供了非常严格的系统级 push 通道管理，只要特定的 App 收到了 push，并且用户没有关掉 push 通知，系统就一定会展示该 push，所以 push 的到达率可以被认为是 100%。但是在 Android 平台上，系统没有提供非常严格的系统级 push 通道管理，所有的 push 接收和展示都靠 App 本身，当向 App 发送一条 push 时，如果当时的 App 已经被后台“杀死”，那么该 App 就不会收到该条 push，因此提高 App 在后台的生存概率，几乎成了所有技术人员为了提高 Android push 到达率的唯一方法。常见的提高 App 在后台生存概率的方法如下：

- 双进程，将控制 push 的进程放在后台。
- 进程间互保。

角标其实与 push 类似，是一种比较“轻”的提醒方式，如图 4-14 所示，大部分 App 都会有一个角标提示。

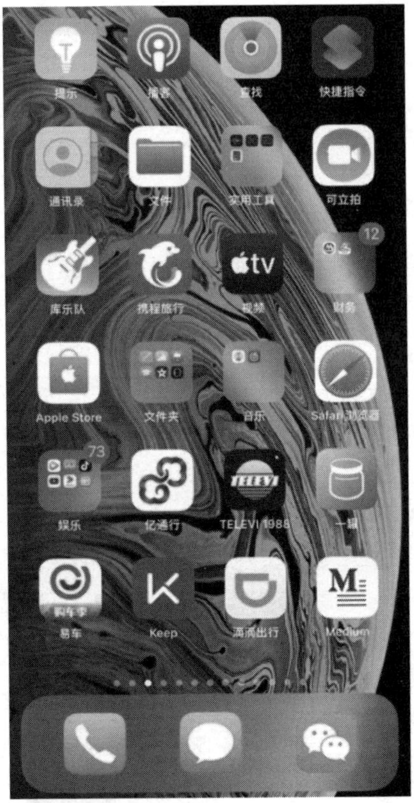

图 4-14　iOS 角标提示

在使用角标时，我们一定要注意控制频率，切勿高频使用。另外，在数字的显示上，一定要在用户打开后有一定的呼应关系。有很多 App 在使用角标的时候欺骗用户，当出现角标时，用户点击打开 App，但在 App 内没有任何呼应的提示。这是一种欺骗的行为，短期数据可能很好，但是长期使用一定会引起用户的反感。

在有了以上约束之后，角标在 iOS 平台中比较容易实现，系统已经支持了角标的显示，只需要调用即可。但是在 Android 平台上，特别是在国内众多定制系统的情况下，不同系统的显示规则和方式都是不一样的，有些系统甚至不支持显示角标，因此做起来会稍显复杂，如果在收益预期特别好的情况下，比如某种机型市场占比巨大，但不支持角标显示，可以采用更换 icon 的方式，人为地显示角标。

在主动触及用户之后，我们要如何帮助用户形成有规律的使用习惯呢？常规性的 push 和角标可以适当地提醒用户使用产品。这只是用被动的方式提醒用户，我们应该考虑更主动的方式。常见的做法是围绕产品自身核心功能的使用，衍生出其他的定期激励：

- 引入签到系统。很多产品会做签到系统，如图 4-15 所示。在设计签到系统的时候不能只考虑签到功能，还要考虑签到行为会给用户带来什么。有些直播平台会在用户签到的时候给用户一些代币，让用户可以更好地体验产品，但是有些产品在用户签到后，并没有让用户感觉得到了丝毫价值，这种签到系统就形同虚设了，一定起不到想要的作用。

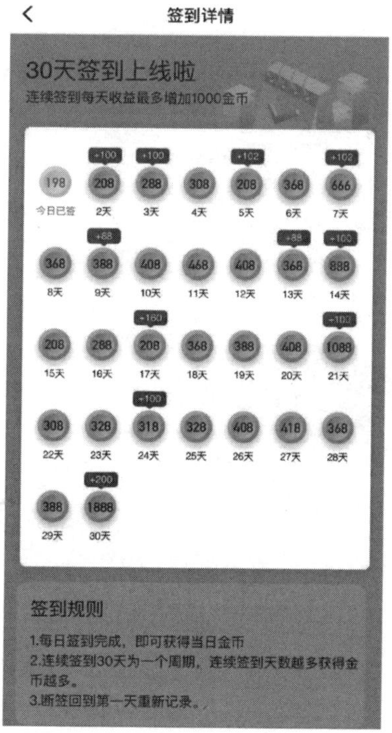

图 4-15　某 App 签到截图

- 每日任务系统。与签到系统类似的还有每日任务系统，如图 4-16 所示。在每日任务系统的设计中，我们需要注意两点，一点是完成任务的奖励必须是有价值的，这点和签到系统类似；另一点是任务的设计最好能促进产品自身核心价值的体现。比如，视频平台让用户去观看一定数量的视频、完成一些评论互动等。通过任务的形式，视频平台让用户感受到了产品的核心价值。

图 4-16　某 App 日常任务

2. 流失用户的召回

除了沉默用户的唤醒，对于提高中长期用户留存率具有较大价值的是流失用户的召回。流失用户是指已经长时间比如连续 30 天未使用产品的用户，或者已经卸载了产品的用户。当获取的新增用户数到达一定量级后，持续获取新增用户的压力会非常大，从开源节流的角度考虑，当开源十分困难时，充分地节流将变得十分重要。如何让流失的用户再次活跃，是用户增长中一个值得投入时间去解决的问题。

要想召回流失用户，首先要解决的问题是如何触及用户，因为用户极有可能卸载了产品，所以唤醒用户时所使用的 push 和角标等方式通常是不起作用的。为了能够触及用户，我们只能从其他渠道着手。

- 短信和电话渠道。目前很多产品都会要求用户使用手机号注册，当有了用户的手机号码之后，我们一般可以通过发送短信或者直接拨打电话召回用户。在发送短信时，我们需要提供给用户极强的回来动力。比如，很多社交类 App 会让用户收到很多打招呼信息或者好友信息，希望用户回来响应，如图 4-17 所示；有些理财类产品会直接给用户打电话告知产品针对老用户提供了更高的投资回报，进而希望召回用户。

图 4-17　短信召回

- 邮件渠道。除了手机号注册渠道，还有很多通过邮箱注册的渠道，同样可以使用类似的方法召回用户。在国内的产品中，使用邮箱注册的用户比例较低，但是在海外的产品中，因为 Google 账号的渗透率较高，所以很多用户会直接使用 Google 自带的 Gmail 邮箱登录，因此通过邮箱召回也是一个有价值的渠道。
- 投放广告。在投放广告获取的新增用户到达一定阶段后，很多用户已经被重复曝光很多次，特别是很多已经卸载的用户依然会看到投放的广告，但是如果投放的广告依然是从拉新的角度投放的，那么效果会比较差。这时我们可以改变投放广告的策略，投放召回类素材，这样会起到不错的召回作用。

- 其他方式。除了上述的方式，还有很多和拉新混在一起的方式，比如大型的品牌广告宣传活动、基于品牌合作的大型活动。

第5章

寻找用户增长的钥匙

在前面的章节中，我们系统地分析了用户增长的模型，从模型的推导到最后的具体应用，从用户获取和提高留存率两个大的方面，分析了用户增长的关键步骤和主要路径，把抽象的用户增长模型对应到了具体的业务操作上。本章的重点是通过结合实际的案例，剖析如何在纷杂的现实环境中找到影响用户增长的因素，制订对应的用户增长方案，从而达到用户增长的目标。

5.1 找到产品的核心价值

在工作中，我们经常会接到为产品做用户增长的任务，有的是还未上线的产品，有的是增长效果一直不好的产品，有的是稳定在用户数平台期需要再突破的产品。无论什么类型的产品，在做用户增长之前，我们都需要做一件事情，即**找到产品的核心价值**。

5.1.1 什么是产品的核心价值

对于核心价值，不同的人会有不同的理解，有的人觉得核心价值是产品和其他竞品的差异点，有的人认为核心价值是产品赚钱的商业模式。这些都是产品的重要组成部分，但不是核心价值。我们所说的核心价值，可以转换成如下两个问题：

- 我们的用户是谁？
- 我们的产品提供给他们的最大价值是什么？

这两个问题可以用来自查产品是否明确了核心价值。用一句话描述核心价值，就是为目标用户解决了什么问题。这就是产品的核心价值。如果你的回答非常清晰，你能够知道自己的用户画像，并且知道为这批用户提供的最大价值是什么，那么你的产品的核心价值就明确了。

如果你的回答不清晰，甚至你都没有想过这个问题，那么就需要好好想想如何找到产品的核心价值了。在4.3.1节中，我们定义了合理的用户预期，其实用户的预期是产品核心价值的反映，只有提供给用户核心价值，才能满足用户的预期。在有了核心价值后，我们就可以选择给用户营造什么样的预期，并且可以轻松地满足他们的预期。

目前，国内外比较成功的产品都有其对应的核心价值。这个价值点往往就是你在想到它们时的第一反应。比如，一提到携程，你会想到出行订机票和酒店；一提到淘宝，你会想到“买买买”。这些就是产品的核心价值。你可以想想平时使用的产品是不是都有一个核心价值。

不仅产品需要核心价值，公司也需要核心价值，比如阿里巴巴的使命是“让天下没有难做的生意”，这个使命其实就是阿里巴巴提供给用户的核心价值，阿里巴巴的所有产品都是在实现这个核心价值。如图 5-1 所示，阿里巴巴的“新六脉神剑”中明确地定义了自己的使命，这就是对于用户最大的价值。

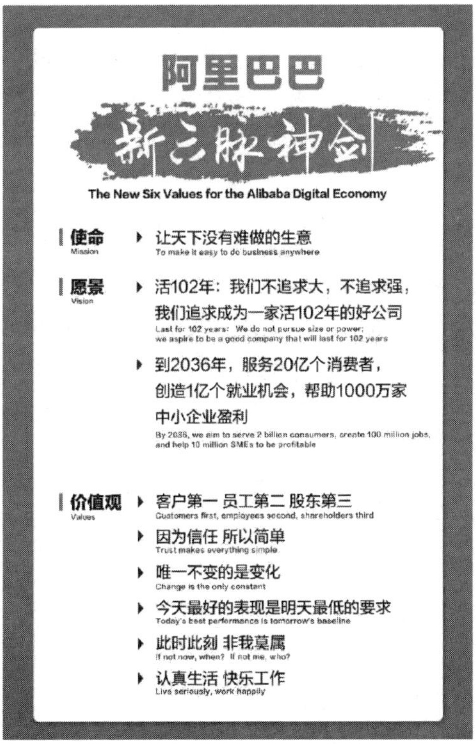

图 5-1　阿里巴巴的“新六脉神剑”

5.1.2 如何找到核心价值

找到产品的核心价值是有效做用户增长的第一个关键步骤。只有找到核心价值，我们才能有效地基于此驱动用户增长。只有找到产品的核心价值，我们做所有工作才会有的放矢，才能拆解出具体的行动步骤。这是后续工作的前置条件。

在产品的不同阶段中，寻找产品核心价值的方法会有所不同。下面细分不同的阶段介绍常见的方法。

1. 产品未上线前

如果产品还处于初期立项阶段，那么确定产品的核心价值，进而设计出上线后的产品功能、运营策略、增长策略等是非常重要的。如果一开始就找准了核心价值，那么一切都会事半功倍。

在产品未上线前，我们所面临的情况是没有第一手的用户使用数据，只能从产品之外的其他方面去验证核心功能是否正确。我们可以通过市场调研的方式尝试找到用户存在的需求和我们基于需求提供的核心价值。

（1）市场调研

一说到市场调研，估计很多人马上会想到各种问卷和数据报表。这里需要注意，市场调研的目的是发现用户需求和基于需求提供核心价值。因此，我们不需要过于宏观的分析，也不需要对整个行业市场进行全面的分析。如表 5-1 所示，常见的用户调研表格一般包含基础信息、设备信息和与业务相关的问题。

表 5-1　用户调研表格

基础信息	姓名	××
	年龄	25 岁
	职业	销售
设备信息	手机型号	iPhone X
	日平均使用时间	2 小时
	常用 App	微信、抖音

续表

与业务相关的问题	最喜欢的娱乐方式	唱歌
	是否经常旅游	是
	……	……

做前期市场调研的方法很多，有市场数据的分析、用户的分析、调研问卷的发放研究等。归根结底，所有研究方法都是为市场调研的目标服务的。如果在调研前没有找准目标，就会拿着一堆工具束手无策。我之前看过一个团队做前期的市场调研，疯狂地分析宏观的互联网用户，细分各种所谓的赛道，再看各个赛道的竞争情况，最后选取了一个范围广、竞争少的作为自己的目标赛道。这样的分析看似很合理，但是对于实际的落地操作没有太多的帮助。这就像我们知道所有人都会吃饭，但是开一间餐馆不见得能够成功，关键的问题是没有找到具体的需求点和对应的场景，只是用最宏观的需求去套，缺少真正准确的切入点，即使有最终的需求也很难成功。

如何通过市场调研找到需求点和真正的切入点呢？从我的实践来看，有一个比较靠谱的方法是观察在现有的业务形态里，包括线上和线下，哪些业务是有优化空间的。首先，目前已经存在的业务形态就说明了对于这种业务的需求是存在的。其次，旧业务的优化空间，就是产品可能提供的价值。这其实就是在用“新方法解决老问题”，“老问题”说明需求是有的，“新方法”就是新的解决办法可能更符合当前的业务场景，特别是在用户的使用场景发生了较大改变时。

例如，我们曾在印度做过一个短视频的内容社区，在初期遇到的第一个问题是如何确定内容社区的调性，我们到底应该主打什么样的内容形态。所有市场分析报告都告诉我们搞笑类、歌舞类等内容形态是受欢迎的。于是我们尝试了这些内容，但是最终效果很差，原因是虽然这类内容的消费情况好，但是我们找不到这类内容的生产者，很难持续地产生内容。作为一个社区，只做消费是不够的，再加上竞争激烈，我们没有足够的钱和资源去把控为数不多的生产者。

后来，我们自己做具体的调研，从印度现有的最大视频消费平台 YouTube 里找到了一个内容品类。在 YouTube 上有很多账号生产这个品类的内容，只是这些内容因为时长过短，在 YouTube 上没有得到过多的曝光，这些账号的粉丝数普遍不高，但是这种内容的消费性是存在的。我们后来做了较大的调整，直接将这些在 YouTube 上无法得到充分曝光的内容创作者邀请到我们的平台，给他们充足的流量，取得了不错的效果。在这个例子中，我们只是将之前的业务形态中一个比较复杂的链路精简了，如图 5-2 所示，相当于优化了现有的业务形态。

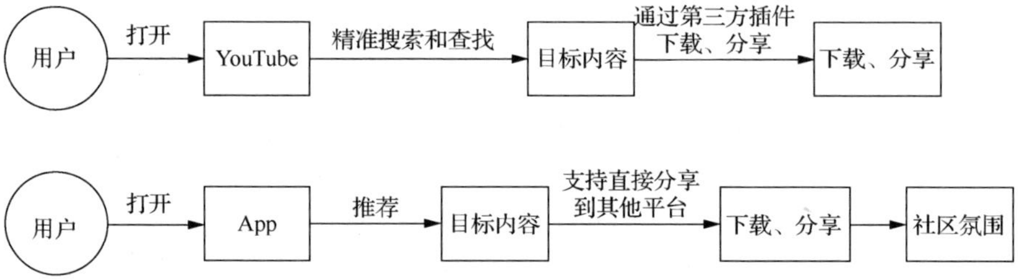

图 5-2　业务链条对比

如图 5-2 所示，在 YouTube 的链条中，精准搜索和查找，以及通过第三方插件下载、分享几乎能阻挡住大部分用户。在我们的新业务链条中，直接推荐和支持第三方平台友好分享+下载，极大地方便了用户的使用。在完成这些步骤后，很多用户甚至可以融入社区的氛围中。

另外，比较典型的例子是一些做微信公众号内容的产品。比如，情感类的微信公众号夜听，在本质上与传统媒体时代收音机里的“情感夜话”节目类似。其创始人本身是一名电台主播，主持这种情感类的节目，从自己最早的一批粉丝起步，慢慢地做成了微信情感类大号。收音机属于已有的业务形态，在遇到互联网之后，这种业务形态或者需求有了更好的解决方案，那就是公众号，用户不用再打开收音机，直接在微信里就可以收听节目了。

随着这几年短视频平台的兴起，用户的内容消费场景发生了较大变化，很多人开始用短视频的“新方法”解决之前内容消费的“老问题”，一些比较知名的篮球评论员，比如杨毅和苏群，早期是给篮球杂志供稿的记者，后来自己运营公众号，也生产同样的内容。之前的杂志和报纸都是已有的业务形态，在互联网时代，慢慢地产生了更多的阅读场景，传统的阅读形式发生了变化，从而有了优化的空间。现在人们的阅读场景已经慢慢地转移到了抖音和快手，他们开始用新的内容形式——短视频来展示此前的篮球类内容。

综上所述，在做前期市场调研的时候，我们一定要体会用户的需求。目前，真正的需求一定已经有了其他解决方法，我们要做的就是优化这些解决方法。这里需要注意的是，如果你发现了一个仿佛还未被满足的较大需求，那么很可能这个需求不存在，或者你对需求理解错了，或者调研还不充分而没发现现有的解决方案。

（2）MVP 模型

除了市场调研，还有一个验证需求和核心价值比较好的办法是利用产品的最小可用产品（Minimum Viable Product，MVP）模型。

一说到 MVP 模型，估计很多人的脑海里就会浮现出一个初级版本的 App。但是 MVP 模型其实本质上是体现基础业务的链条，或者说是为用户提供价值的步骤。比如，在多抓鱼创办早期，创始人通过朋友圈发布买卖消息，然后用 Excel 管理订单，这样验证了需求的存在、体现了业务的价值，后期的产品就是这个解决方案的优化。市场调研是找到潜在的业务形态去优化它，而 MVP 模型是构建一个业务形态，去校验其是否可行。

我们都知道新东方，俞敏洪是从自己办辅导班开始的，其实最早的辅导班就是一个 MVP 模型，他通过自己办补习班，验证了托福和雅思考试培训的需求，知道了自己应该提供什么样的价值，在这些都被验证之后，剩下的问题就是如何更快速地把规模做大。

云存储平台 Dropbox 也是从一个简单的 MVP 演进而来的，这个 MVP 最早甚至连功能都没有。Dropbox 的创始人安德鲁・豪斯顿（Drew Houston）在视频网站上发布了一个视频，在视频中虚拟了产品功能。这就是将一个想法用视频的形式表现了出来，类似于高保真的产品原型。这个视频的播放量达到了一个很高的水平，有很多人留言期待这个产品。在得到了很多实际的点击和播放数据后，豪斯顿才开始真正着手开发第一个版本的 Dropbox。

Airbnb 也有类似的经历。Airbnb 的两位创始人布莱恩・切斯基（Brian Chesky）和乔・杰比亚（Joe Gebbia）从学校毕业后，无力支付房租，想通过出租房间里的床垫来赚钱，从而支付房租。他们发现当时周边正在进行一个大型的设计展览，很多参观者来观看这个设计展览，由于展览比较火爆，周边的旅馆基本都住满了。当他们将自己的床垫出租广告发布出去后，大约一周内接待了 3 位客人。通过这次成功地出租床垫，他们不仅解决了房租问题，还看到了共享床位的创业点子。这张最早的床垫，本质上就是 Airbnd 产品的 MVP 模型，是业务的初级试验形态。

2. 产品上线后

在产品上线后，我们就能得到用户的实际使用数据。这时我们就可以利用产品的数据，再结合用户访谈，找到产品的核心价值。

通过分析产品各个主要路径的数据，我们可以找出与留存相关性较强的指标，然后把这个指标和用户访谈中得到的结论相结合，看看是否能够找到合理的逻辑解释。如果解释合理，那么这个指标就是一个潜在的价值点。比如，我们发现，对于一个陌生人社交平台来说，用户主动打招呼后被回复的比例是一个与留存正相关的指标，那么在访谈的过程中，我们就可以基于这个指标去询问用户，是否在意被回复、被回复后的感觉怎么样等。最后，我们就会知道，对于陌生人社交平台来说，高效地促进关系就是平台的核心价值。

具体的数据分析方法在后面章节中会详细分析，下面我用之前做过的用户访谈记录告诉你如何做好一次用户访谈，包括访谈的具体流程和需要注意的事项。

（1）用户访谈的目的

用户访谈的目的一般有两个，一个是发现目前产品存在的问题；另一个是发现潜在的增长点，又叫需求点。

我们这次访谈的目的是包含这两个方面的。产品上线时间不久，我们亟须知道目前产品存在的问题，还要验证目前的产品主打的需求点是否正确、是否存在潜在的增长点。

（2）访谈用户的选择

访谈用户的选择主要取决于访谈目的，如果访谈目的不同，那么所找的用户应该是不一样的。我们可以从使用产品深度的维度把用户分为以下三类：

- 核心用户，即目前产品中活跃的用户，不同的产品对核心用户的定义应该有所不同。

- 边缘用户，即目前产品中即将流失或已经流失的用户。
- 潜在用户，即目前并不是产品用户但属于产品当前定位的用户群体或者竞品用户。

如果访谈目的是发现目前产品存在的问题，那么核心用户应该是值得寻找的，他们是产品的忠实使用者，一定有对产品的第一手感觉。

如果访谈目的是寻找潜在的增长点，那么边缘用户和潜在用户可以告诉你如何才能更好地满足他们。让他们来使用你的产品，他们就是潜在的增长点。

（3）如何触达访谈用户

在确定了需要访谈的用户种类后，我们要寻找并联系待访谈的用户。因为我们的目的包含上述两个方面，所以找了全部三种用户。

核心用户和边缘用户比较容易寻找，我们可以用以下几种方式寻找他们：

- 数据筛选。首先定义对应用户的行为，然后通过行为日志数据筛选出对应用户，可以通过用户在登录时留下的联系方式与他们联系。
- 用户群招募。产品一般都会有一个自己的种子用户群，从种子用户群中可以招募到对应的访谈用户，群中的用户一般都是核心用户。
- 产品内的招募。产品内如果有运营资源，那么可以通过运营的方式（比如，使用 banner、把官方消息推送给指定的用户）进行招募。

因为潜在用户没有使用过产品，所以我们只能在产品外寻找他们，可以使用如下方式：

- 线下寻找。在定义好目标用户群后，我们可以直接去他们极有可能聚集的地方寻找。比如，我们定义的目标用户是年轻人和学生群体，所以会直接去高校和商场里随机找人搭讪。
- 核心用户帮约。我们可以鼓励目前的产品用户带自己的朋友来做用户访谈，在他们之中寻找潜在用户。

- 第三方的合作。我们可以找到当地的一些咨询公司，提出访谈用户的要求，委托它们寻找。

在寻找用户的过程中，线上联系的回复率是很低的。我们的用户大都是通过 Facebook 注册，因此我们只能拿到他们的 Facebook 账号。当我们通过 Facebook 与他们联系时发现回复率低于 5%，而且很多人拒绝到现场，最后只能通过电话完成访谈。在线下寻找访谈用户的时候，最好找到一群在一起的用户，这样可以大大地降低他们的抵触和畏惧情绪。另外，给用户赠送一些小礼物是很有效的。

（4）访谈中踩的坑

在经过前述的准备后，我们就要对用户进行访谈了。在访谈前，根据访谈的目的，我们要收集一些问题，这些问题一般包括用户画像、产品使用等方面。具体的问题在这里不再赘述，下面总结一下在访谈中遇到的一些坑。

1）问题一定要带有场景设定。

在问用户的业余兴趣爱好时，我们最初直接问“你的业余爱好是什么”，用户一般都回答听歌、玩手机等。用户的回答惊人的一致，于是我们尝试问自己这个问题，答案好像也就是那几个。

后来，我们在问题中增加了具体的时间、人物等场景因素，例如：你在不上课的时候或者周末会和同学一起出去玩吗？都玩些什么呢？在把问题改成这样后，得到的答案就丰富多了。很多用户会说在放学后去参加舞蹈社团的活动，还有的用户回答和同学一起去逛街、喜欢哪些店、喜欢买什么东西等。

2）不要让用户假想，了解实际做过的。

我们为了知道用户对产品的认知，问了这样一个问题：“你愿不愿意给其他用户推荐产品？如果用一句话推荐，那么你会怎么推荐？”所有用户都回答愿意，但是在用一句话推荐的时候，我们得到的都是最“套路”的答案。

我们后来意识到，这是在让用户想象自己是否愿意，和他们实际做的可能会有差别。于是我们把问题改成：“你如果给其他用户推荐过我们的产品，那么在推荐的时候你是怎么介绍的呢？”这个问题直接过滤掉了没有推荐过产品的用户，剩下的用户都是真实推荐过我们的产品的用户。在得到的推荐理由中，有些很出乎意料。比如，我们的产品是一个视频社区类产品（类似于 musical.ly），有的用户推荐产品纯粹是为了让别人过来关注他，这反映了产品吸引粉丝的点；还有的用户希望对方和自己一起玩，这就体现了我们的产品中可以有社交属性，可以用来和朋友一起玩。

3）多问一个为什么。

在访谈过程中，有些用户会主动说出一些想法。比如，有的用户提出希望可以有××功能，因为这些功能很常见，所以用户在提出的时候，我们以为用户需要这些功能的目的和我们是一样的。最后发现，如果我们多问一个为什么，就会发现我们想得很幼稚和主观。

举个例子，在访谈过程中，很多用户提出希望在录制视频的时候，可以选择快速录制或者慢速录制。我们一开始以为用户是想录出慢动作或者快动作的视频，但后来偶然问为什么需要这个功能的时候，得知用户居然只是因为在选择了音乐录制后，有时候音乐播放得太快，在跟着音乐节奏跳或者对口型的时候对不准，因此需要选择快速录制的模式，这样在录制的时候，音乐播放会相应变慢。用户使用的场景与我们设想的完全不一致。

4）直接让用户用给你看。

我们一开始准备了很多关于产品功能上的问题。例如，“你觉得××功能怎么样”“你在使用××功能时遇到了什么问题吗”，结果很多人都回答“没有问题，挺好的”，我们一开始还有点激动，觉得产品做得不错。我们后来觉得实在得不到有价值的回答，就设置了几个主路径的测试用例，让用户实际使用，结果发现了很多特别搞笑和愚蠢的设计。比如，对于音乐选择的设计，流程是先选择音乐，然后进入录制界面。当选择某一首音乐时（无论是点击音乐封面还是音乐信息条），会先播放该音乐，并且在右边出现“使用”按钮，点击该按钮后，才会真正选中该音乐进入拍摄界面，如图 5-3 所示。

图 5-3 “选择音乐”界面

因为这里多了一步点击“使用”按钮，而我们之前为了提高这一步的转化率，将这一步逻辑修改为，仅点击音乐封面试听音乐，并且出现“使用”按钮，如果点击音乐条非封面区域则跳过试听直接进入录制界面。也就是说，用户只有点击歌曲封面才会播放歌曲，但是封面的区域很小。调研中通过观察我们发现，用户都会先点击封面试听很多首歌曲，然后找到一首自己会唱或者觉得不错的再进行录制。在这个过程中，因为试听的点击区域过小，很多用户都误点进入了视频录制界面，此时用户连歌曲还未试听，所以又连忙点“返回”按钮。

以上是我对在访谈中遇到的一些问题的总结。我觉得访谈不是为了让用户告诉你问题在哪儿，而是你必须从用户的使用场景或者描述场景中，挖掘出问题的本质。因此，访谈其实就是在干一件事：**最大限度地还原并记录用户场景（生活场景、使用场景），然后慢慢观察和挖掘**。

5.2 整理用户增长的数据报表（无数据，不增长）

在知道了产品的核心价值后，在准备正式开始驱动用户增长之前，我们需要为用户增长打造一个“仪表盘”，这个“仪表盘”需要反映在用户增长过程中产品的所有有用的数据情况。当我们遇到问题的时候，可以使用这个“仪表盘”更快地找出问题，并做出应对的方案，应对方案的有效性最终也可以通过“仪表盘”反映出来。

良好的数据支撑是用户增长的前提，很多用户增长公司，无论是国内的还是国外的，都在强调“数据导向和驱动”，这是一种科学的方法论。在互联网早期，很多产品没有严格的数据支持，靠着创始人的直觉做选择，很多需求是明确了的，并且竞争激烈程度和如今的互联网比会小很多，因此创始人的直觉往往可以起到一个很好的指引作用。但如今，在竞争激烈、精细化运营的背景下，数据的重要性可想而知，数据就是项目前进的双眼，如果没有数据，那么我们就像在黑暗中前行，风险丛生。

5.2.1 增长仪表盘

既然打造一个增长仪表盘如此重要，那么我们应该如何构建一个合适的增长数据报表呢？如图5-4所示为一个增长数据报表的组成。

增长数据报表一般由图中的三个部分组成：

- 宏观数据。宏观数据是指一些大盘的指标性数据，主要用于衡量目前产品自身的情况，通常会以日报的形式发送，需要每日关注。对于产品来说，通用的宏观数据主要有日活、新增用户数、留存率、使用时长等。不同类型的产品有不同的关注点，比如电商类的产品需要关注每日交易总量、社交类产品需要关注每日信息总量等。

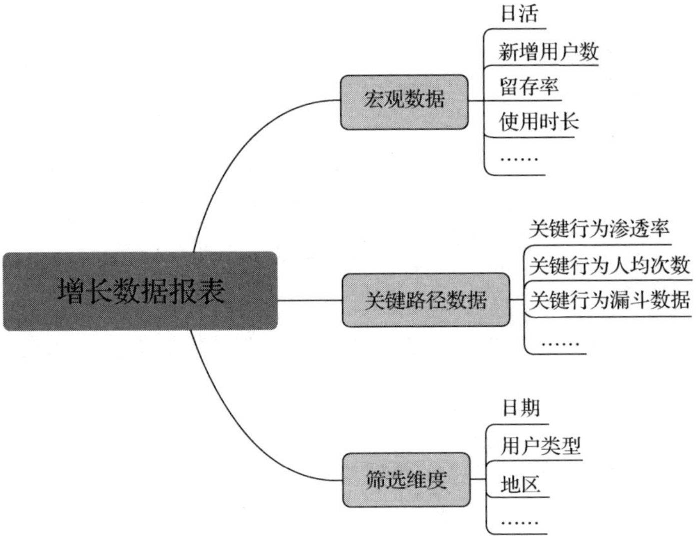

图 5-4　增长数据报表组成

- 关键路径数据。关键路径是指用户使用产品时的核心行为，是体现产品核心价值的功能使用行为。比如，对于视频社区类的 App，比如抖音、快手等，我们需要关注的关键路径有注册登录、视频消费、视频互动、视频生产等。关键路径主要关注三个数据，一个是关键行为渗透率，即在日活跃用户中，该行为的发生比例；另一个是关键行为人均次数，即发生该行为的用户，人均会发生几次；还有就是关键行为漏斗数据，即从成为日活用户到发生关键行为一共有多少步，每一步的折损如何。我们需要检查每条关键路径的渗透率。一般在宏观数据发生变化时，应优先检查关键路径的数据是否有较大幅度的变化。

- 筛选维度。汇总的数据只能让我们知道一个整体的情况，但是在很多时候，从汇总数据看并不能发现和定位问题。因此在增长数据报表中，我们需要支持不同维度的筛选，常见的筛选维度有日期、用户类型等。用户类型可以按照新老用户分类，或按照不同渠道来源分类，也可以按照产品内定义的不同的用户角色分类。在分类筛选后，我们能更容易地揭开数据表面的遮盖，探究本质的问题。其实，汇总的数据一般在汇报时使用，真正地定位问题一定是通过各种维度筛选后的数据去确认。

除了上述的组成部分，为了有更好的体验，增长数据报表一般还要有配套的数据邮件、数据报警等。数据邮件一般每天发送，将大家关注的核心数据汇总在一起，以便大家每天及时知道产品目前的数据概况。数据报警主要是在一些数据出现较大范围的变化时，及时报警，以便大家及时发现问题。作为负责增长的人，每天都要查看这些数据。

5.2.2 数据整理过程

当我们知道了应该需要什么样的报表时，就要着手搭建数据报表。在做数据报表前，我们需要了解数据报表从数据来源到清洗整理成报表的整体过程。整体过程的流程大致如图 5-5 所示。

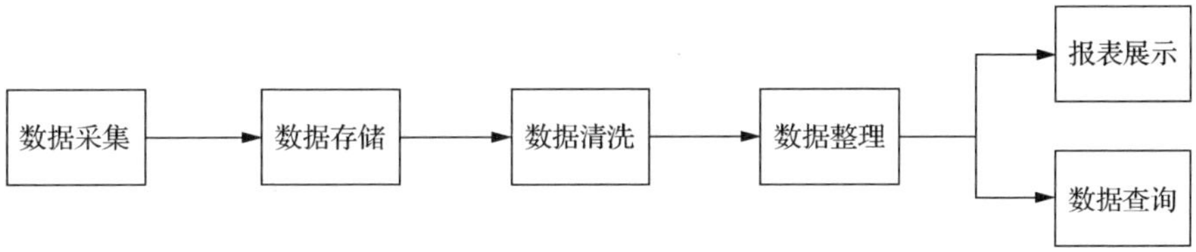

图 5-5 数据处理流程

从图 5-5 中，我们知道第一步是数据采集，也就是获得数据。获得数据的主要方法是数据埋点，主流的数据埋点技术有以下几种。

1）第一种：代码数据埋点。

代码数据埋点是指在行为代码的部位嵌入数据上报代码。只要用户发生某类行为，就会触发数据上报。我们需要帮助开发人员定义具体上报的数据埋点、上报的数据类型和上报的时机，表 5-2 是一个典型的埋点需求表。

表 5-2 埋点需求表示例

场景	事件英文变量名	事件显示名	属性英文变量名	事件属性显示名	属性值类型	属性值事例或说明	触发时机或文档说明
首页	HomeVideoShow	视频封面曝光		预置属性			当滑动停止时，视频封面在屏幕露出时触发
			video_id	视频 ID	字符串		
			tab_name	Tab 名称	字符串	推荐，关注	
			video_tag	视频标签	字符串	3，4	
			author_id	作者 ID	字符串		
	HomeVideoLoad	视频列表加载		预置属性			当列表数据开始加载时触发
			tab_name	Tab 名称	字符串	首页，关注	
	HomeVideoClick	点击视频		预置属性			点击视频触发（点击后跳转详情）
			video_id	视频 ID	字符串		
			tab_name	Tab 名称	字符串	首页，关注	
			video_tag	视频标签	字符串		
			author_id	作者 ID	字符串		
	HomeTopTabSwitch	首页顶部 Tab 切换		预置属性			当切换顶部 Tab 时触发
			origin_tab_name	原 Tab 名称	字符串	推荐，关注	

2）第二种：第三方 SDK 数据埋点。

第三方 SDK 数据埋点是指通过接入第三方数据统计的 SDK 进行数据埋点。在页面中引入第三方 SDK 就可以收集到这个页面的所有点击、滑动等行为，然后通过第三方提供的配置方式对这些采集行为进行定义，就完成了数据埋点和数据采集。第三方 SDK 的数据埋点方法必须在产品中引入 SDK，这种数据埋点方法的好处是代码开发量较少，相当于默认把所有行为都记录了，只需要定义就好。但是这种方法在很多时候只能统计到页面层级中比较粗糙的点击行为。一些更细致的数据，比如一些前后台交互状态的数据，通过这种方式就很难上报。另外，因为执行第三方 SDK 数据埋点后，所有上报的数据都存放在第三方平台，所以不具备个性化的数据分析能力。同时，在安全性上也有一定的隐患。

以上两种方式各有优劣。代码埋点更加复杂，开发工作量会相应增加，并且需要自己维护一套埋点结构，还需要自己进行数据存储和处理，但是数据的安全性较好，在分析时更容易实现个性化。目前，较大的公司或者对数据特别重视的公司大都采用代码数据埋点。

第三方 SDK 数据埋点，比如常见的“神策”、GrowingIO 等，会使用一些通用的数据埋点，比如日活、留存率等数据，比较简单、开发成本不高，但是对于一些特殊的埋点需求往往是满足不了的，而且存在较大的数据风险。

所以到底选用哪一种方式，必须根据公司目前的情况判断。一些较小的公司或者较小的项目在前期一般可以采用第三方 SDK 数据埋点的方式，但是到后期，产品的用户量较大时，一定要有自己的数据埋点系统和分析系统。我的建议是如果对数据的重视程度较高，就自己埋点和统计，可以把第三方的数据作为参照。

在进行数据采集后，第二步就是数据存储。采集的数据会通过约定好的协议传输给数据仓库，存放在指定的数据仓库中。数据采集后上报的方式一般有两种，一种是实时传输，即采集到数据后立刻传输给数据仓库；另一种是离线传输，即采集的数据在本地积攒后定时传输给数据仓库。这两种方式的应用场景不同，如果对数据的实时性要求不高，那么可以采用离线传输方式；如果对数据实时性要求较高，比如很多推荐系统所需的数据，就必须实时传输。大多数的行为数据都可以采用离线定时上传的方式。

因为实际上报的数据常常是不完全的、有噪声的、不一致的，所以需要进行数据清洗。数据清洗过程包括遗漏数据处理、噪声数据处理，以及不一致数据的处理。数据清洗的步骤相对较简单与清晰，分为两个阶段。

第一阶段：偏差检测（discrepancy detection），检查导致偏差的因素，并识别离散值与噪声值。

第二阶段：数据过滤（data filter），处理缺失值与噪声。数据过滤涉及很专业的数据处理知识，这里不做更深入的探讨。

当数据清洗完成后，下一步就是将现有的数据整理成后续数据报表展示可以直接使用的数据。这一步要从清理后的各个数据表中，根据数据查询和查看的需求，将关键数据综合到合适的表中，以便使用后续的数据报表和进行数据查询。

5.2.3 常见的数据分析方法

当我们搭建好产品的数据报表后，在日常使用中，如何更高效地利用数据报表呢？基于几个具体的数据分析案例，我总结了高效、可用的几种数据分析方法和思路。

案例 1：最近一周，新用户的留存率数据出现了较大幅度的持续下降。

新用户的留存率数据出现较大幅度的持续下降，特别是在某一个时间点后突然下降，一定是在对应的时间点前后发生了有较大影响的事情。首先，我们要把所有与新用户相关的因素列举出来，逐一排查。

对新用户影响较大的原因可能是新用户获取渠道发生了变化。因此，我们根据渠道细查，分析不同渠道，特别是付费渠道和自然新增渠道的差别。如果发现所有渠道的新用户留存率都在相同时间点有相同的降低趋势，那么基本可以排除渠道的影响。然后我们看在留存率下降的时间点附近是否发布了新版本，在新版本发布之前一般都会有一个灰度上线的过程，我们要看在灰度上线期间，新旧版本是否有明显的数据差异问题。如果没有，那么可以排除客户端版本的问题；如果有明显差异，那么需要确认新版本是否存在问题。最后我们确定服务器端是否有大的改动，比如推荐策略、后台服务等，确定是否有潜在的影响新用户的改动。

通过以上的内部排查，80%以上的问题都是能够解决的。一些外部因素（比如假期）也可能会影响产品的数据。

在上面的分析中，我们使用了一种特别常见的数据分析方法，就是细分维度后排查所有潜在影响因素。常用的细分维度如下：

- 用户渠道；
- 客户端版本；
- 后台策略改动；
- 新旧用户。

为了更好地利用细分维度排查，我们在日常的工作中，需要严格地记录所有可能影响产品数据的事件的时间点，要把所有改动都像记录日志一样记录下来。一旦数据发生波动，我们就可以按照时间点，快速找到相关的影响事件，迅速排查。记录的产品改动日志如图 5-6 所示。

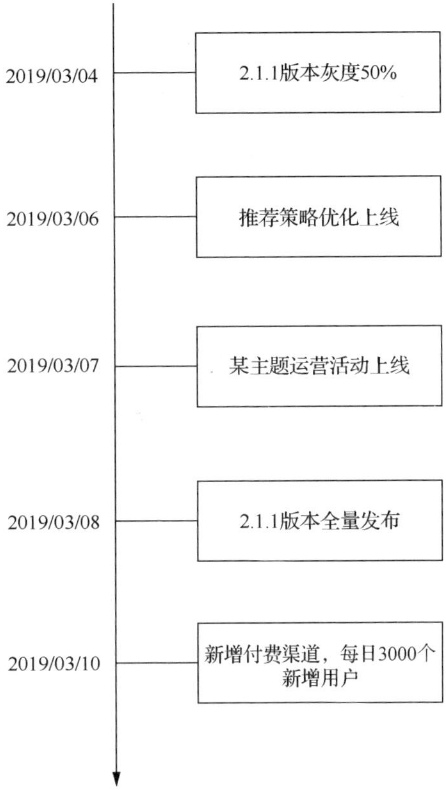

图 5-6　产品改动日志

案例 2：短视频社区，发现用户发布视频的比例慢慢变小。

当我们发现一个功能的使用比例慢慢减小时，除了利用上述的各个维度细分确认，还可以使用一个特别常用的数据分析方法，就是行为漏斗分析。

行为漏斗分析的第一步是将指定行为的所有步骤拆解出来，比如，对于视频发布行为的漏斗，我们可以从日活用户开始，到点击视频拍摄入口，到开始拍摄视频，到编辑视频，再到发布视频，最后到发布成功。整体漏斗如图 5-7 所示。

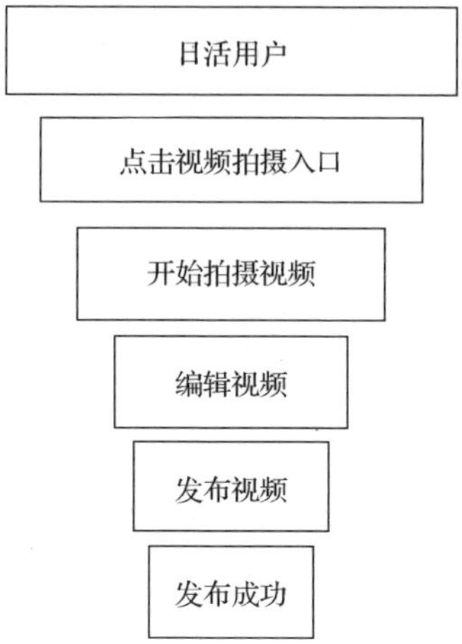

图 5-7　视频发布行为的漏斗

通过详细地拆解漏斗，综合历史数据，我们就能知道是漏斗中的哪一步出现了问题。比如，在本案例中，当我们拆解出漏斗后发现从发布视频到发布成功的转化率变低了，再将这一步细拆，得到的结论是，服务端在上线一个新服务的时候，改动了发布视频过程中如果失败会重试的逻辑，导致该逻辑失效，从而使发布失败的比例增大，发布成功的作品减少。

5.3 大胆假设，小心求证

在通过用户访谈、数据分析找到了在用户增长过程中存在的问题后，在解决问题的过程中，我们会提出自己的方案，但并不是所有方案都是有效的。我们在定位问题或者制订解决方案的过程中经常会犯一些错误，其中极容易犯的错误有：

- 错把相关关系当成因果关系；
- 忽视了很多重要的因素，把自己关注的因素主观夸大了。

所以，方案的验证变得十分重要，我们需要通过科学的方式快速地验证方案。我们鼓励大胆假设，但同时也不能忘记小心求证。

对于求证的方法，最有说服力的就是通过实际的用户数据进行。在很多互联网公司中，使用数据决策和驱动已经成了必备的价值观。我们提出的所有假设，最终都应该可以通过数据验证。如果你发现提出的假设无法找到数据来验证，那么你的方案可能有问题，你需要重新思考。

目前主流的数据验证的方法是 A/B Test。有的公司会同时上线很多 A/B Test 进行方案的决策，比如在 Facebook 上，一些较大的产品功能改动或者产品策略调整上线，必须进行一段时间的 A/B Test，通过最终的试验数据判断优化方案是否有效、是否需要继续扩大试验流量，或者直接暂停试验并回滚。

2012 年，Facebook 进行了一次首页大改版，当时，Facebook 的副总裁山姆•莱辛（Sam Lessin）带领设计师和工程师，对首页进行了较大的改版，改版后的左侧导航栏变得简洁，整体风格偏向信息流的样式，更加注重对于图片的显示，让人看起来更舒服、更清晰。似乎从所有的角度来看，这都是一次成功的改版，但是按照 Facebook 的传统，这种改动必须经过 A/B Test，而且是从 1%的用户试验到 2%，再到 5%、10%等。但是从 1%的用户试验开始，主要的用户数据，包括使用时长、广告收入等都在直线下降，这说明用户不买账。Facebook 一开始以为是老用户不习惯新界面，但是经过很长时间的灰度上线后，用户数据仍然没有正向变化，最终在莱辛的强推下只有 12%的流量，随后完全回滚到旧样式。这个方案也被叫停，团队半年的辛苦几乎白费。

目前，国内的很多公司也有着先进、完善的 A/B Test 系统，比如字节跳动、快手等。在产品的迭代过程中，特别是在信息流产品的推荐算法迭代过程中，A/B Test 起到了十分重要的作用。

在一段时间里，人们对 A/B Test 有过一些反对的意见。有的人认为，A/B Test 会让工作量增加一倍，特别是当试验效果不好导致产品下线的时候，完全是浪费时间。如果产品经理、增长经理能够靠自己的能力做出正确的决策，就不需要做 A/B Test 了。这种看法的主要问题在于，没有真正理解产品迭代的本质。很多时候人的判断能力是有限的，我们需要更多地试错，而衡量产品、增长人员的能力就是看他们设计的试验的科学性和探索的准确率。

5.3.1 什么是 A/B Test

前面重点说明了 A/B Test 的重要性，那么到底 A/B Test 是什么呢？

A/B Test 的目的是验证一个新的产品功能、已有功能优化或者策略调整的效果。我们可以将用户分成两组，分组的方式要求在统计学上是无差异的。我们可以随机指定一组作为实验组，另一组为对照组。我们给实验组展示新的产品设计、优化的功能或者调整后的策略，而对照组则保持之前的体验。随后通过同样一段时间两组用户表现的数据，可以判断功能的优化、策略的调整是否达到了目标。

A/B Test 的方法在用户增长中被使用前，已经在很多领域有着广泛的应用。在农业中，为了验证肥料的有效性，一般都会设置实验田，在实验田中使用某种肥料，而在对照田中不使用该种肥料，其余条件一致。最终，通过两块田中农作物的生长情况，判断该种肥料的有效性。

5.3.2 如何做 A/B Test

A/B Test 虽然能很好地解决问题，找到方案之间的因果性，但是在做具体的 A/B Test 时，必须保证过程的科学性，否则可能引入其他干扰因素，既浪费资源，又造成最终方案的无效。

A/B Test 主要有以下四步，如图 5-8 所示。

1. 确定试验样本

在做试验之前，我们需要确定试验样本。我们的试验样本以用户为单位，通常在使用中，以用户的 ID 作为唯一标识。我们还需要定义清楚样本的选取标准。比如，如果我们想试验某种策略对于新用户留存率的影响，那么需要选择的样本就是新用户。

在确定了样本的定义后，我们需要设置实验组和对照组的选择机制，一般是随机选择。为了保证随机性，有很多的做法，比较常用的是直接将样本用户的 ID 做模运算（求余数），比如需要将样本分成 3 份，则对 3 进行模运算，最后得到的余数分别为 0、1、2。根据这三个余数将用户分成 3 组。

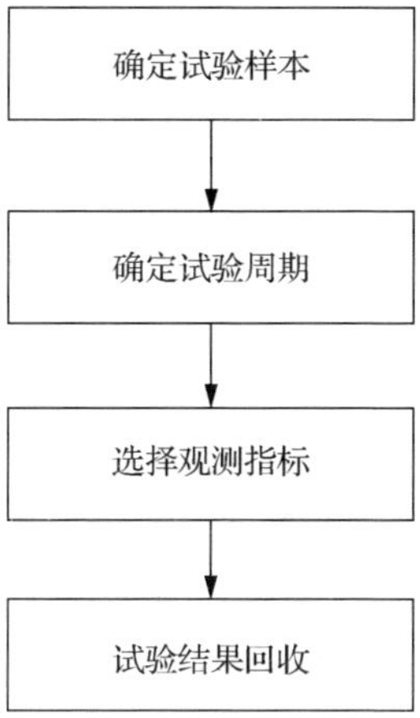

图 5-8 A/B Test 步骤

除了确认实验组和对照组的设置，我们还需要控制实验组的流量。在很多时候，我们在测试一个功能时，不可能直接用 50%的用户做试验，这样可能对整体的数据产生大的影响。如果试验不好，那么风险较高。但是如果用户比例过少，可能又无法得到一个可置信的结果。那么，多大数量的用户试验结果是可置信的呢？我们可以设置一组同样条件的试验，即实验组和对照组的用户体验完全一致，然后做对比，对于某数量的用户，实验组和对照组的用户数据误差范围在 5%以内，那么这个数量的用户基本可以保证结果是可置信的。这是一种比较粗略的方法，但是很实用。

2. 确定试验周期

当上线一个 A/B Test 后，我们需要给出一个产生可置信结果的试验周期。我们不可能将一个试验一直放在线上，这样会占据大量的时间，延误其他试验的上线。但是如果试验的时间很短，那么可能得不到可置信的结果。如何确定产品的试验周期呢？

我们知道任何产品都有自己的周期性，比如微信，用户每天的使用情况基本都一致，没有太大的差异性，其试验周期就可以定为一天。对于一个试验，我们可以连续观察几天，如果结果没有明显的波动，那么可以认为可置信。还有一些产品，比如腾讯视频、快手等消费性产品，用户在周末的使用习惯和工作日是有区别的，因此试验的周期至少要以周为单位。还有一些教育类的产品，具有更明显的周期。

除了通过产品的使用周期确定试验周期，有的时候我们还需要考虑观测指标的产生时间。比如，我们需要观察某些策略或者优化对于用户长期留存的影响，那么这个试验的周期可能要以月计算了。

3. 选择观测指标

A/B Test 的试验结果是需要通过观测的数据指标来判定的。因此在试验之前，我们必须确定好需要观测的指标，并确认数据埋点和上报的数据是否正确。为了确认观测指标，我们必须清楚试验的背景，以及自己想验证的事情。如果我们想验证新功能对用户活跃度的提升是否有影响，那么活跃度的衡量指标一般是使用时长、打开次数、活跃留存等。如果我们优化了某功能的使用体验，那么该功能的使用渗透率将会是一个重要的观测指标。

A/B Test 是用户增长的利器。我们在试验的过程中，几乎都围绕着用户增长的几个重要因素进行观测，如短期留存情况、中长期留存情况、用户获取数等。所以，在设计试验时，这些对于增长很重要的因素通常都是需要观测的指标。当然，除了这些偏宏观的指标，具体试验功能的数据也是需要重点关注的。比如，我们设计了一个新的功能，但是在做 A/B Test 的时候，发现这个功能对用户增长核心的因素没有太多影响，新功能本身的使用率很低，这说明该功能和增长核心因素之间的关系其实没有被验证，我们需要重新设计试验或者设计功能，让更多的用户使用这个功能。常见的用户增长观测指标如表 5-3 所示。

表 5-3 常见的用户增长观测指标

留存率数据	新用户次日留存率
	新用户 7 日、15 日、30 日留存率
	活跃用户次日留存率
时长数据	平均使用时长
	主要行为时长
	平均启动次数
主要行为	主要行为的渗透率
	主要行为的人均次数

4. 试验结果回收

在进行了一段时间的试验后，我们需要回收所有试验数据，并以合适的形式展示最终的结果。

对于试验结果的回收，我们应该按照预定的观测指标进行整理，并比对实验组和对照组的数据差别。如果这两组数据有比较明显的差别，那么基本可以确认试验结果，但是有时候实验组和对照组的数据差别不大，通常在5%的范围内波动，我们认为这是正常的波动。如果没有得到预期中的对比结果，就要从试验设置和样本数据中寻找可能存在的问题。比如，我们曾经在对用户分实验组和对照组时，依照用户注册时使用的手机号作为依据，按照手机尾号区分，手机尾号是奇数的为对照组，尾号是偶数的为实验组，最终得到的对照组和实验组结果和预期的差别较大。后来发现，因为手机尾号不是完全随机的，用户在选择手机号的时候都是依照一定习惯去选择。这就是样本设置没有做到完全随机，存在偏差。因此，试验的结果也不能置信。

5.3.3 多层 A/B Test 简介

前面介绍了 A/B Test 的简单设置和步骤。这里的 A/B Test 的结构比较简单，一般直接从已有用户中圈定一批用户作为实验组和对照组。这种方式的好处是比较简单，但是坏处是没有办法同时进行多次试验。假设我们需要做 3 组 A/B Test，每组都分成对照组和实验组，这样就需要 6 组用户，如果同时进行的试验再多一些，需要的用户分组将会更多。在用户增长的初期、用户量不大的情况下，这样细分用户往往会因用户分组样本量太小而无法得到最终可置信的结果。即使一些用户量大的平台也会遇到类似的问题。比如，Facebook 和 Google 经常同时在线做数以百计的 A/B Test，每个试验可能需要多个用户分组。如果还是这样去对用户进行分组的话，每个分组的用户数也会很少。

为了解决上述问题，出现了一种多层 A/B Test 结构，Google 在其内部已经率先使用。多层 A/B Test 的原理和方法较为复杂，下面结合一个实例简单介绍。

多层 A/B Test 的统计学原理就是正交，多组试验是正交的，如果互相没有影响或者影响可以忽略不计，就可以进行分层试验。比如，一个袋子中有 1000 个乒乒球，每个乒乓球都从 1 到 1000 分别标注了数字，随机拿出其中的 500 个染成红色，再将剩下的 500 个染成白色。这样，从统计学上来说，排名前 500 的乒乓球和排名后 500 的乒乓球都是一半红色、一半白色。

假设，我们做两个试验：

a）试验 M 用于判断不同颜色的乒乓球在光照下温度变化的幅度；

b）试验 N 用于判断排名前 500 的乒乓球和排名后 500 的乒乓球的重量的均值是否相等。

试验 M 和试验 N 因为互相之间并没有什么影响，是正交的，所以是分层的试验，如表 5-4 所示。

表 5-4　分层试验

	M-1（50%）	M-2（50%）
N-1（50%）	25%	25%
N-2（50%）	25%	25%

表 5-4 所示有 2 层试验，第 1 层是试验 M，第 2 层是试验 N。在试验 M 中，乒乓球被分成 2 组——M-1 组和 M-2 组。在试验 N 中，乒乓球也被分成 2 组——N-1 组和 N-2 组。所谓的正交试验，就是说 M-1 组在试验 N 中被均匀地分入了 N-1 组和 N-2 组，而 M-2 组同样在试验 N 中被均匀地分入了 N-1 组和 N-2 组。之后，在 M-1 组且在 N-1 组的乒乓球的比例是 25%，在 M-1 组且在 N-2 组的乒乓球的比例是 25%。

多层试验主要利用了正交试验的形式，这种形式可以让每一层的试验都有同样多的用户去参与，并且每层试验之间的结果不会出现干扰。为了保证每层试验之间不会出现干扰，我们必须保证各层试验的指标和参数之间没有相互出现影响的效果。

在实际中，比如，在内容消费型列表产品中，比如今日头条、快手等，我们可以认为列表信息展示的样式和内容的排序算法是互不影响的，因此在设计试验时，列表信息展示样式的试验可以和算法试验分层进行，以保证各自都有较大的试验流量。

第6章

用户增长的保障：项目执行

2017 年和 2018 年，在内容消费领域，趣头条传播模式的兴起似乎让很多产品找到了用户增长的方向。在前面的章节中，我们分析过趣头条的传播模式。

趣头条的传播模式简单概括就是用钱来补贴用户，让用户去拉“徒弟”，进而产生裂变，将原本用于获取新用户的钱直接补贴给新用户，并刺激用户分享拉新。为了让用户留存，趣头条在 App 内让用户通过多种任务，比如阅读新闻、评论分享等直接获取金钱，再通过让用户看广告的方式赚钱。趣头条精心地调节所有步骤的转化和 ROI，保证最终的 ROI 为正。最终，趣头条在图文内容消费领域已经是一片“红海”的情况下，通过这种模式“抢”到了一批用户。

在趣头条之后，很多产品都采用了类似的策略，但是有的却远远没有达到增长的目标，甚至给原有产品带来了灾难性的打击。比如，有一款短视频产品也采用了用户拍摄短视频赚钱、分享赚钱等与趣头条类似的策略。特别是拍短视频赚钱，在策略上线后，视频的拍摄上传比例快速上升，但是因为对短视频的审核和分类机制没有做任何调整，所以很多用户为了让自己的视频得到更多的观看量从而赚更多的钱，上传了很多与产品调性不符的视频，而产品在审核的时候没有严格控制，导致产品的调性完全改变了，用户的留存率迅速下降。在这个过程中，虽然该产品花费了很多钱，但是取得的效果却很差。

这个例子的本质问题是项目执行不到位。依照趣头条的整体增长策略并没有问题，但是在执行过程中，该产品没有考虑需要补贴钱给什么样的视频内容、需要补贴给什么样的作者，以及如何防止作弊，只是单纯上线了一个产品策略，而运营和审核没有完全跟上，导致最终的结果就像是在一片不知道有什么种子的地上撒了一把肥料，然后长出了一堆不知道是什么的东西，让整个产品完全处于一种失控的状态。

通过上面的例子，我们可以知道，很多时候制约用户增长的不是方法和策略，而是在项目执行过程中某些人员的缺位或者协同不好导致执行的整体变形，特别是当团队整体的考核指标不能纠正这个错误的时候，产生的后果是非常严重的，即使花费了很多增长费用，也很难达到预期的用户增长目标。

本章会详细分析一个完整的增长团队的组成，以及在项目执行过程中，如何保证各个成员的协同在执行过程中不变形。本章还会介绍在增长项目中如何制定合理的目标，并指引团队成员很好地执行和前进。

6.1 增长团队的搭建

6.1.1 打破团队间的“谷仓效应”

创业公司在慢慢地发展成大公司后，面对的最大问题往往不是业务本身，而是如何让一个大公司的组织变得更加合理。因此，很多公司为了解决组织过于庞大和复杂的问题，往往会设立很多垂直部门，有业务部门，也有职能部门，并且尽可能复用能够复用的部门，这样可以做到各个部门都有自己明确的定位和分工。很多时候这种分工就是将原先的业务线拆成了独立的部门，比如，一个小项目组中的产品组和运营组、设计组、开发组等独立成专门的产品部、运营部、设计部、技术中心等。这样分工后，虽然看起来每个单独的小组织都是井然有序的，但是实际上每个部门都会自己独立出一套体系，包括独立的管理层、独立的目标，每个部门都会专注于自己部门的目标，极容易导致部门之间的沟通出现较大问题，共享和沟通变得异常困难，从而每个部门看上去就像一个个独立的“谷仓”。这种情况被称为“谷仓效应”。

如果在公司内部产生了“谷仓效应”，那么每个独立部门之间都难以摒弃部门间隙，不能充分地进行信息共享，无法整合公司的整体资源，部门之间无法横向拉平，这种情况就是大组织的“天敌”，一旦无法有效解决，长此以往，整个企业将会陷入无休止的内耗，无法形成战斗力，也会失去创新能力，必将失败。

目前，大型互联网公司都在努力打破团队之间的“谷仓效应”。对于用户增长团队来说，因为增长的工作往往需要产品、运营、设计、技术、测试、数据、市场等众多团队横向协作，所以更需要打破各个团队之间的“谷仓”，让各个团队为了统一的增长目标努力，而不是仅各自实现自己的目标。我们在做一款短视频产品时，推荐团队和做拍摄器的产品团队是各自独立的，他们有着各自的数据目标。做拍摄器的产品团队的目标是增加用户上传的作品数，推荐团队负责用户内容消费侧的指标。做拍摄器的产品团队努力通过各种好玩的方式，比如“魔法表情”

“互动玩法”等提高了用户的拍摄比例并增加了上传作品数，但是这些作品并不符合推荐系统对于消费内容的定义，对整体的推荐系统造成了极大的干扰，最终的业务目标反而没有很好地达成。这就是典型的团队间缺少横向沟通的结果。

对于用户增长团队更是如此，随着互联网行业的发展，很多公司已经从创业公司变成了“巨头”，拥有繁杂的部门，垂直的汇报线越来越长。用户增长团队涉及的跨部门协作会更多，基本需要和产品、运营、技术、数据、市场等部门协作，因此，打破公司内部的“谷仓效应”变得越来越重要。

我们可以从以下几个方面打破“谷仓效应”。

首先，拉平项目的整体目标。每个团队都应该肩负统一的目标，把这个统一的目标拆解成每个部门更细的目标，所有团队都必须参与拆解目标。在有了共同的目标后，每个部门就能够更有效地形成合力。在这个过程中，比较关键的一点是，目标的细拆过程需要所有团队成员或至少每个团队都有代表或者领导参与。在拆解的过程中，所有人要对细拆目标理解并认可，只有这样才可能转化为一致执行。我们可以定期举办团队沟通会议，在会议上拆解目标，并在执行的过程中同步大家的进展，以免出现误差。

在确定了目标之后，打破“谷仓效应”的一个必经之路是让各个团队之间充分沟通，要保证高频、有效的沟通。比较好的办法是将每个部门的人抽调到一起组成一个虚拟的项目组，让这些人在一起工作，这些人同时在自己之前的团队中还充当了“接口人”的角色。这样，各个部门之间的信息和资源可以共享、共用，从而更好地保证项目的推进。

为了保证信息更好地流通，我们需要建立一套完整的信息共享系统，让每个团队成员都能更有效地达到信息上的平衡，而不至于出现某个成员的信息不同步，从而导致协同过程中出现问题。建立信息共享的方法很多，比如使用传统的看板，我们可以在看板上列出计划的流程和所有待做的事项，明确由谁来做、什么时间完成和需要达到的目标效果。这样，员工就可以通过看板了解整体项目的进展。同时，我们还需要定期组织例会来同步跟踪项目。很多项目组有开早站会的习惯，利用每天上班前的几分钟迅速同步各个团队的情况，抛出问题寻求帮助。

其次，“谷仓效应”的本质是每个员工没有从公司大局出发考虑问题。所以，在公司的文化中，我们需要提倡大局观，鼓励员工之间接触和交流，定期组织团建活动，让员工之间熟悉起来，避免出现不必要的信息闭塞。

6.1.2 用户增长团队该有哪些角色

当我们开始着手组建增长团队时，首先要回答的问题是，这个团队的目标和它所承担的责任是什么。基于这些，我们再去分析必要的人员组成。用户增长团队的目标就是达到指定的用户增长目标，转换为具体的数据指标一般就是日活、用户数等。用户增长团队必须以实际的用户增长为使命，因此所有围绕用户增长的事情都是他们需要承担的。

根据前面几章的介绍，我们知道了用户增长所包含的业务漏斗如图 6-1 所示。

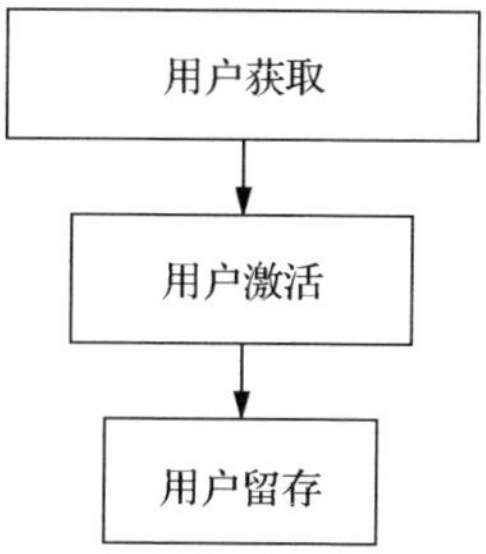

图 6-1　用户增长业务漏斗

用户增长业务漏斗分为以下三个阶段：

- 用户获取。需要专人负责每个渠道的用户获取，既有付费获取，又有通过产品特有功能传播获取。
- 用户激活。需要有人负责新用户的用户体验和核心价值的交付。
- 用户留存。需要提供更多的产品核心价值，做好用户的召回和唤醒。

因此，在增长团队中要有深刻了解企业战略和产品核心价值的人，要有能够针对核心价值进行产品设计和推广的人，要有对所有功能进行编程和测试的工程师，也要有能够进行数据分析的人，以便及时反馈产品状态和标定业务目标。为了满足以上任务和需求，用户增长团队的组成一般如图 6-2 所示。

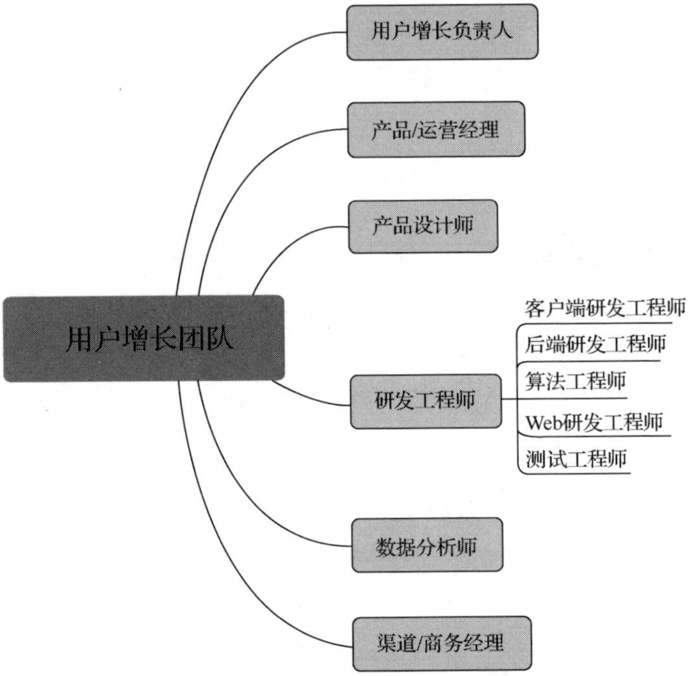

图 6-2　用户增长团队结构

在用户增长团队中，每个成员具体的职责和任务如下。

1. 用户增长负责人

用户增长负责人是整个用户增长团队的负责人，需要负责整个团队的日常业务规划、团队管理和最终目标的实现。用户增长负责人是整个团队的指引者，但是不同于其他团队和业务的负责人，在用户增长团队中一般不设置单纯的管理岗位，因此用户增长负责人必须是非常懂业务、了解增长的，能够对用户增长团队中各个岗位的任务和工作非常熟悉，在必要的时候可以顶替部分岗位工作。用户增长负责人的日常工作主要包括：

- 选定用户增长的方向和侧重点；
- 制定团队的工作节点和时间表；
- 确定所有增长试验的优先级和流程节奏；

- 监测整体项目的进展和执行情况；
- 负责阶段性的回顾总结。

为了更好地完成工作，对用户增长负责人在能力上的要求如下：

- 精通产品项目管理，对开发和发布流程非常熟悉；
- 对用户增长的方法、相关行业和产品有着较深的理解；
- 出色的领导力和组织力，能带领团队快速试验迭代。

用户增长负责人一般都由用户增长团队中的成员升职而来。

2. 产品／运营经理

在传统的互联网项目中，产品经理和运营经理是独立的岗位，产品经理负责搭建基础的产品框架，运营经理负责上线后的用户、活动和内容等的运营工作。但是在用户增长团队中，产品经理、运营经理的职责和任务会有很多重叠的地方，本质上产品经理和运营经理是很难分开的，比如，视频制作工具的产品经理必须熟知用户喜欢的内容类型，对视频内容要有很好的理解，才能做出更好的产品功能。因此，产品／运营经理的工作职责主要包括：

- 负责产品及其功能的设计和开发实现跟进；
- 负责产品功能的运营；
- 负责日常的用户反馈收集、用户调研和访谈，帮助公司更好地理解用户；
- 负责增长试验的策略制定及效果监测。

需要具备的能力一般包括：

- 优秀的产品功能设计和运营能力；
- 能深刻理解用户；
- 数据分析能力；

- 扎实的项目推动能力。

3. 产品设计师

产品设计师一般是指产品的交互设计师和视觉设计师，能够辅助产品经理和运营经理进行产品的视觉设计，帮助用户更好地使用产品，给用户提供优质的用户体验。主要的工作职责为：

- 产品和运营页面的交互视觉设计；
- 协助产品经理确保产品良好的使用和视觉体验。

需要具备的能力包含：

- 优秀的产品交互视觉设计能力；
- 熟练掌握多种视觉设计的工具；
- 良好的沟通能力。

4. 研发工程师

研发工程师是保证产品能够稳步推进的基石，用户增长团队的研发工程师除了需要做产品功能的代码编写、测试和发布等工作，还需要有较强的增长意识，要能够从技术的角度提出对增长有帮助的方法。比如，在提高用户 push 的到达率方面，研发工程师就天然可以提出更好的技术实现方法。研发工程师包括客户端研发工程师、后端研发工程师、算法工程师、Web 研发工程师，以及测试工程师，所负责的工作内容包括：

- 产品功能的代码编写、测试和发布；
- 使用新的技术手段，赋能用户增长。

所需要的能力包含：

- 出色的编程能力；
- 对用户增长有着较深的理解；

- 不设边界，能够从业务出发思考技术实现。

5. 数据分析师

数据分析师在用户增长团队中类似于侦查兵，需要通过回收各种数据来说明目前用户增长过程中潜在的问题。因此，数据分析师需要密切结合产品和运营，对做出的优化、试验有清晰的了解，这样才能从数据角度更好地解释业务。数据分析师日常的工作内容如下：

- 产品／运营功能优化，A/B Test 等常规数据回收分析；
- 通过数据挖掘出目前产品增长中遇到的问题；
- 定期的用户增长数据回顾。

所需要的能力如下：

- 精通数据埋点、上报和清洗；
- 精通数据分析；
- 能够用数据驱动业务成长。

6. 渠道／商务经理

在做用户增长的过程中，我们还需要对外合作，比如渠道合作、品牌合作，这就需要渠道／商务经理尽可能为项目拉来更多资源，加速用户增长。他们的主要工作内容包括：

- 拓展用户获取渠道；
- 承接多种商务合作；
- 产品的外部宣传等。

需要具备的能力如下：

- 良好的商务沟通技巧；
- 对业务有着深入的理解和认识。

6.1.3 用户增长团队的规模和工作流程

我们已经知道了用户增长团队的人员组成，那么一个用户增长团队需要多少人呢？不同阶段的公司和不同目标的增长都会对团队人数有影响。在创业公司或者小公司的用户增长团队中，上述各个岗位可以只有一个人，甚至有的人可以负责不同的工作；而在一些大公司中，或者已经从小的用户增长团队获得足够收益之后，会加大对用户增长团队的投入。

Facebook 早期的用户增长团队人数较少，加上负责用户增长的副总裁仅有 8 人，但是却给 Facebook 带来了巨大的增长。他们分析了 Facebook 的用户行为数据，提出了很多增长试验，为 Facebook 带来了巨大的商业价值。Facebook 的月活变化如图 6-3 所示。

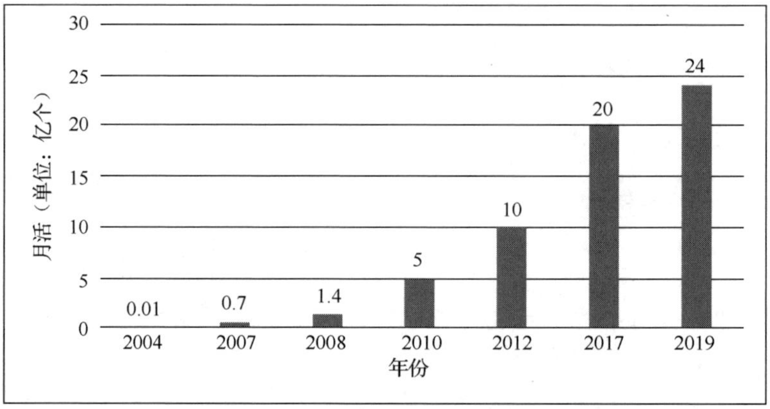

图 6-3　Facebook 月活变化

2007 年，Facebook 的月活为 7000 万，这时遇到了天花板，盈亏不平衡，于是成立了用户增长团队，实现了后续几年神话般的增长。2017 年，Facebook 的月活已经达到了 20 亿。用户增长团队也随着这个过程慢慢扩大，变成了一个非常重要的部门。

用户增长团队的工作流程更像一个持续的循环，通过数据分析找到问题，针对问题产生特定的想法，形成解决方案，再进行试验，在试验结束后，通过数据分析评估试验结果并决定下一步行动。团队将确实产生了初步成果的试验想法进一步完善，而直接抛弃结果不那么令人满意的试验想法，循环往复地推进这一过程，如图 6-4 所示。

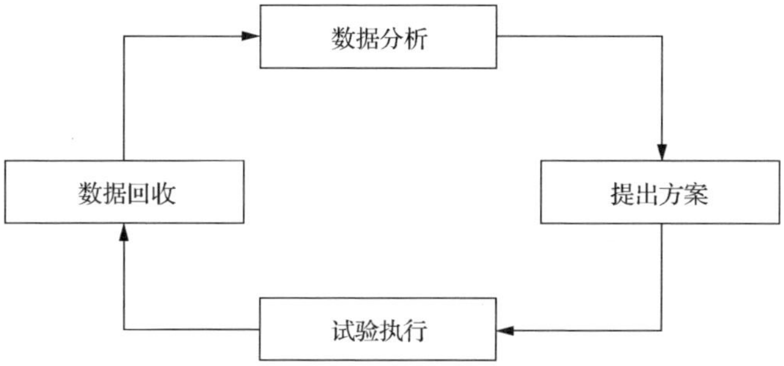

图 6-4　用户增长团队工作流程

为了保证以上循环顺利进行，用户增长团队应该定期召开会议，与各方同步目前的进度、近期的数据、试验效果等，同时宣布下一个周期的增长方向和试验方案。为了保证用户增长工作顺利进行，团队的汇报对象应该是一名高管，以确保团队有权跨过既定的部门职责界限开展工作。只有这样，用户增长团队在实际工作过程中才能更好地执行到位。

6.2 用户增长项目的管理

当我们组建好用户增长团队后，接下来就要保证用户增长项目顺利执行，保证在执行过程中高效和精准。我们知道用户增长的工作流程是一个持续的循环，那么如何进行用户增长项目的管理呢？如何保证更快速、更高质量地落地执行呢？一般项目的开发都会有一种管理方式，即开发模式，一个好的开发模式有助于更有效地进行项目管理。

6.2.1 常见的项目开发方式

在目前的互联网公司中，业务的组织形式基本都是项目制的，因此随着这么多年互联网的发展，出现了越来越多的项目开发模式，很多也是此前软件工程中所采用的开发模式。比较常见的项目开发模式有“瀑布式”“迭代式”“螺旋式”“敏捷式”等。下面分别介绍这几种常见的项目开发模式。

1. “瀑布式”开发模式

“瀑布式”是一种非常早的软件开发模式，在20世纪70年代，由温斯顿·罗伊斯（Winston Royce）提出。之所以称为“瀑布式”，是因为它将软件开发过程细分成一个一个前后相连的步骤，按照顺序一步一步开发，就像瀑布一样。具体步骤如图6-5所示。

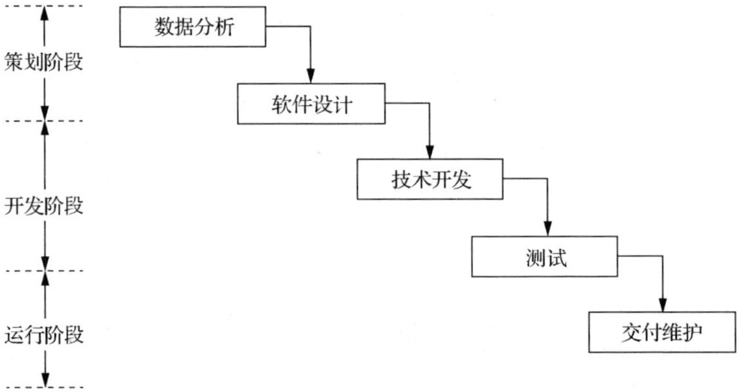

图6-5 “瀑布式”开发模式

如图6-5所示，“瀑布式”开发模式的优点是项目的进度清晰，把策划阶段、开发阶段和运行阶段划分得很清晰，同时因为在时间上各个阶段顺序相邻、节奏感强，并且每一个阶段都是一个相对的“黑盒”，都有明确的分工和对应的人员安排，所有人只需要关心自己的阶段而不用关注其他环节，省去了很多沟通成本。

但是这种项目开发方式存在很多问题，因为每个步骤按照严格的顺序区分，所以一旦出现需求变更，返工的成本将是巨大的。另外，因为流程区分严格，所以必须有非常详细的文档，每个流程的人员都必须依照文档进行工作，但是所有的文档必然存在漏洞，几乎不太可能出现完美无缺的文档，所以出现变更和返工的情况几乎难以避免。同时，严格的流程会导致软件的开发周期较长，一般都是半年到一年左右。漫长的开发周期会对市场反馈的反应比较迟钝，大部分情况是根本无法反应。所以往往在软件开发出来后，很难推向市场。

2. “迭代式”开发模式

“迭代式”开发模式也是一种比较早期的软件项目开发模式，“迭代式”和“瀑布式”相比最大的不同是开发周期会大大缩短，每个迭代周期都会经历需求分析、软件设计、开发测试和交付的流程，就像一个小型的“瀑布式”开发流程，如图 6-6 所示。每一次迭代都会有一个可交付的产品，这个产品是最终产品的一个子集，可以理解成将一个完整的庞大的产品被拆解成很多子模块，然后每个模块进行迭代开发。

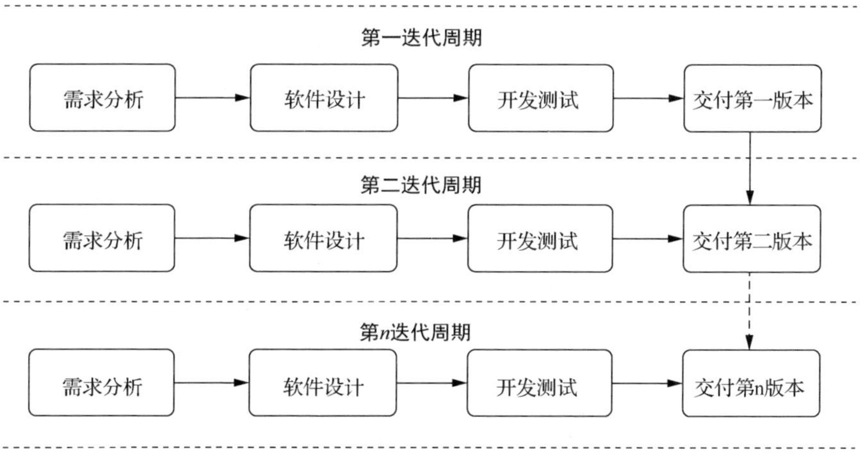

图 6-6 “迭代式”开发模式

与“瀑布式”开发模式相比，“迭代式”开发模式可以在一定程度上降低需求变更和返工的成本。在迭代的过程中，我们能够在早期就发现潜在的延期风险，在整个开发进度中，功能的优先级会更明确，研发人员的工作效率会更高。同时，“迭代式”开发模式可以避免过长的开发周期，让所有人员有短期的成果可以交付，对于鼓舞团队士气很有帮助。

但是“迭代式”的问题依然存在，这种开发方式需要能力较强的项目管理者合理地安排每一次迭代，对技术人员将功能拆解到每一次迭代的能力要求也变高了。同时，这种方式每次迭代出来的只是产品的子集，产品的功能不完善，可用性会打折扣。

3. “螺旋式”开发模式

“螺旋式”开发模式是一种把“迭代式”和“瀑布式”结合起来的项目开发方式，最大的特点是重视其他模型不太强调的风险分析，所以特别适合一些大型、复杂、风险系数较高的系统。

如图 6-7 所示，“螺旋式”开发模式中的每一个周期都采用“瀑布式”开发模式，都包含需求定义、风险分析、实施工程和用户评估四个阶段，由这四个阶段进行迭代。“螺旋式”开发模式的基础做法是在每一次迭代的“瀑布式”模式中加入严格的风险识别、分析和控制的流程。每一次迭代都会确认出一些风险点，直到所有风险都被确定。

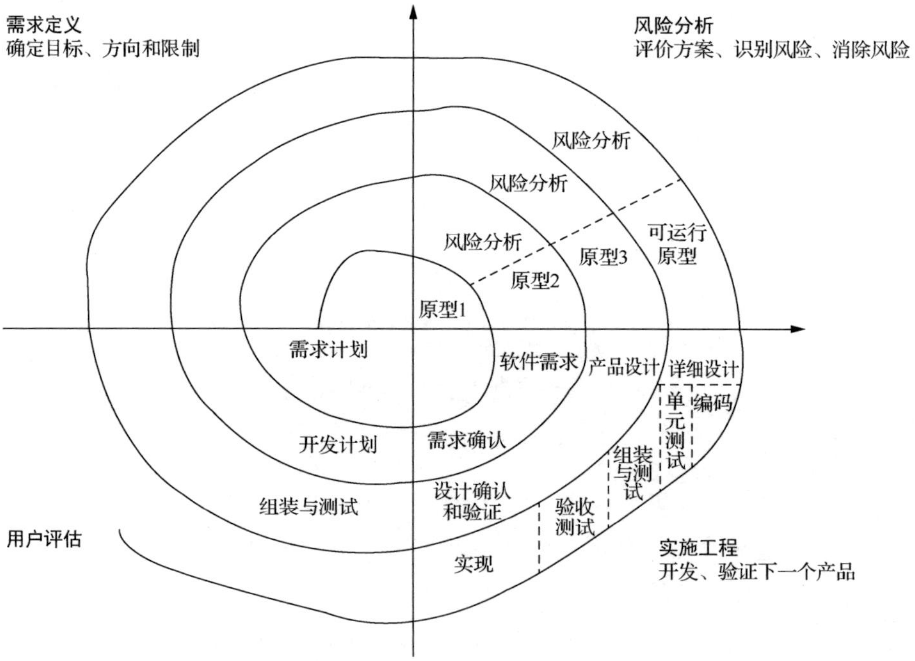

图 6-7　“螺旋式”开发模式

螺旋线的角度值代表开发进度。螺旋线每个圆形周期对应一个开发阶段，每个阶段开始时（左上象限）的任务是确定该阶段的目标，为完成这些目标选择方案并设定这些方案的约束条件。接下来的任务是，从风险角度分析上一步的工作结果，努力排除各种潜在的风险。如果风险不能排除，那么停止开发工作或大幅度缩小项目规模。如果成功地排除了所有风险，那么启动下一个开发步骤（右下象限），这个步骤的工作过程相当于纯粹的“瀑布式”模式。最后，评价该阶段的工作成果并计划下一个阶段的工作。

4. “敏捷式”开发模式

“敏捷式”开发是目前互联网公司流行的开发模式（如图 6-8 所示），它本身也是一种迭代开发模型，但是与传统的迭代开发最大的不同是，“敏捷式”开发以用户需求为核心，所有迭代都随着用户需求的变化而变化，利用迭代、循序渐进的方法进行软件的开发。在团队组织中，“敏捷式”开发强调紧凑、自驱，能够适应快速变化，崇尚面对面沟通，而非书面文档。

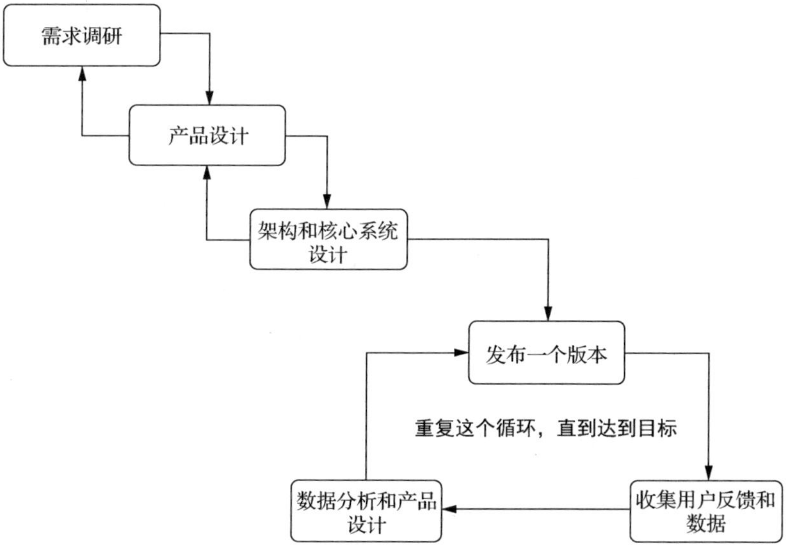

图 6-8 “敏捷式”开发模式

“敏捷式”开发的优点是迭代快、开发周期较短、人与人之间的沟通较多、不用耗费很多时间来写文档、团队合作较为密切以及每天都会有成果产出；缺点是因为沟通较多，需要团队的每个成员投入度非常高。

将上述四种开发模式对比来看，传统的“瀑布式”开发，也就是从需求到设计，再到编码和测试，从测试到提交大概这样的流程，要求每一个开发阶段都做到最好。但是在“瀑布式”模式中，是完全的串行方式，每一个步骤都是完全独立的，互相之间没有任何反复。这就要求每一个环节都足够完美，才能保证串行的高效。但是在现实项目开发中，这种完美是不存在的，因此在项目开发过程中，经常因为返工造成巨大的开发浪费。

“迭代式”开发，在“瀑布式”的基础上，不再要求项目初始的大而全，而是追求一种迭代的开发方式，让项目从一个一个较小的模块系统开始开发，慢慢迭代成大的产品和软件系统。这种方式可以让参与开发的人敏感地认识到项目进度，并且有一个一个小的目标可以达成，从而激发团队士气。但是在项目的迭代拆解过程中，对开发的要求非常高，能够将一些耦合的东西从代码层面拆离出来本身就是很大的挑战。

“螺旋式”开发，也是采用迭代方式的开发，最大的不同是引入了明确的风险预测，在每一个迭代的流程之前，都必须进行风险的评估，在前期的迭代中就可以把一些风险点评估好，避免项目过度投入后遇到不可控的风险。所以这种方式非常适合一些高风险的项目。

“敏捷式”开发本身也是采用迭代方式的开发，和传统“迭代式”开发不同的是，“敏捷式”开发更强调用户的反馈。所有的迭代必须满足需求的变化，这样的迭代才是有意义的，因此，“敏捷式”开发的周期往往非常短，一旦探明用户需求或者存在的问题，就立刻快速迭代。“敏捷式”开发是非常能够适应现实变化的。

6.2.2 什么是敏捷开发

在互联网时代，特别是移动互联网时代，因为市场瞬息万变，同时，移动互联网时代，用户可以在瞬时感受到产品的变化，并且给出反馈。因此，在如今的项目开发中，会更要求能够快速地随着用户的反馈进行优化。敏捷开发天然符合这种要求，在如今的互联网公司中也有了普遍的应用。据统计，2018 年 90%的软件开发采用敏捷开发。用户增长团队更需要快速的迭代和变化，从而快速地找到用户增长的核心点。

在前面的章节里，我们从比较宏观的角度简单说明了敏捷的概念，本节详细地分析敏捷开发的特点。敏捷开发的核心或者基础是迭代开发。迭代的意思大家都明白，就是重复，那么到底重复什么呢？

很多大型软件项目（比如一些银行的财务类软件、工程应用类的配套软件和大型游戏类软件，像 ERP、MES、WMS、CRM、OA、IBMS）的传统开发方式是利用一个较长的周期进行开发，比如半年甚至几年。在这段较长的时间里，我们需要花费很长时间细化所有功能文档，然后一次性开发完成。但是迭代开发的方式不一样，它将开发过程拆分成多个小周期，把一个很长的开发周期裁剪成一个一个较短的开发周期，每一个小的开发流程都非常类似，所以就像在重复一样。

比如，我们在刚使用微信的时候，微信没有朋友圈，没有公众号，也没有微信支付等功能，微信的第一个版本只有最基本的聊天功能，如图 6-9 所示。

图 6-9　微信 1.0 版本聊天界面

微信的开发过程就是一个迭代过程，它没有一次性做到现在的版本，而是很短时间迭代一个版本，在一个版本里包含一些功能，最终变成现在的样子，迭代还会继续进行。

我们会有一个疑问，微信为什么不直接规划好现在的样子，然后一次性开发好再上线？之所以选择迭代的方式，是因为对未来的样子无法预测。对于这种过程的描述，与其说是迭代，不如说是演化。其实很多机制或者物品的产生都是演化出来的。演化是项目迭代的灵魂，也是我们做产品设计的一个非常重要的认知。

例如，对于汽车的生产过程来说，并不是先设计好车轮、车架等汽车部件，然后组装成一个汽车。从需求的角度来看，生产汽车是为了解决运输的问题，最早解决运输问题的是滚木，接着演变成独轮车、自行车、汽车原型，最后演变成了现代的汽车。

与例子中的迭代相比，我们在敏捷开发里提到的迭代，一定是在很短的时间内发生的，快的一般在几天，最多一两周。

敏捷开发的最大优势是及时了解用户需求，这是一个软件项目成功的关键点。这就像我们要生产一个产品，一定要先生产一批样品，看看市场的反应，而不能等产品都生产完了，再看市场是否需要。另外，敏捷开发还有一个好处是可以尽早交付，尽早交付的含义就是前期投入是可控制的。很多创业公司一开始无法投入过多资源进行开发，敏捷开发能够很快地交付一个版本，节省项目成本，也能让产品更快地面向用户。在用户增长的过程中，我们可以通过敏捷开发快速地尝试，这样才最有可能找到用户增长的关键点。

6.2.3 如何在用户增长中进行敏捷开发

敏捷开发虽然在需要快速试错的项目中有着非常大的优势，但是在实际进行中，也有很多需要注意的细节。敏捷开发看起来是一个循环迭代的过程，没有了瀑布模型下非常严密的步骤区分，但是在每一次迭代中，都是一个完整的开发周期，只是周期较短。麻雀虽小，五脏俱全，在一次一次短期的迭代中，依然有很多步骤需要遵循，并且需要正规的管理，敏捷并不意味着混乱。

在敏捷开发中，我们可以采用很多方法，目前经常采用的流程叫 Scrum，下面以 Scrum 为例介绍在用户增长项目中如何利用敏捷开发设置流程，如图 6-10 所示。

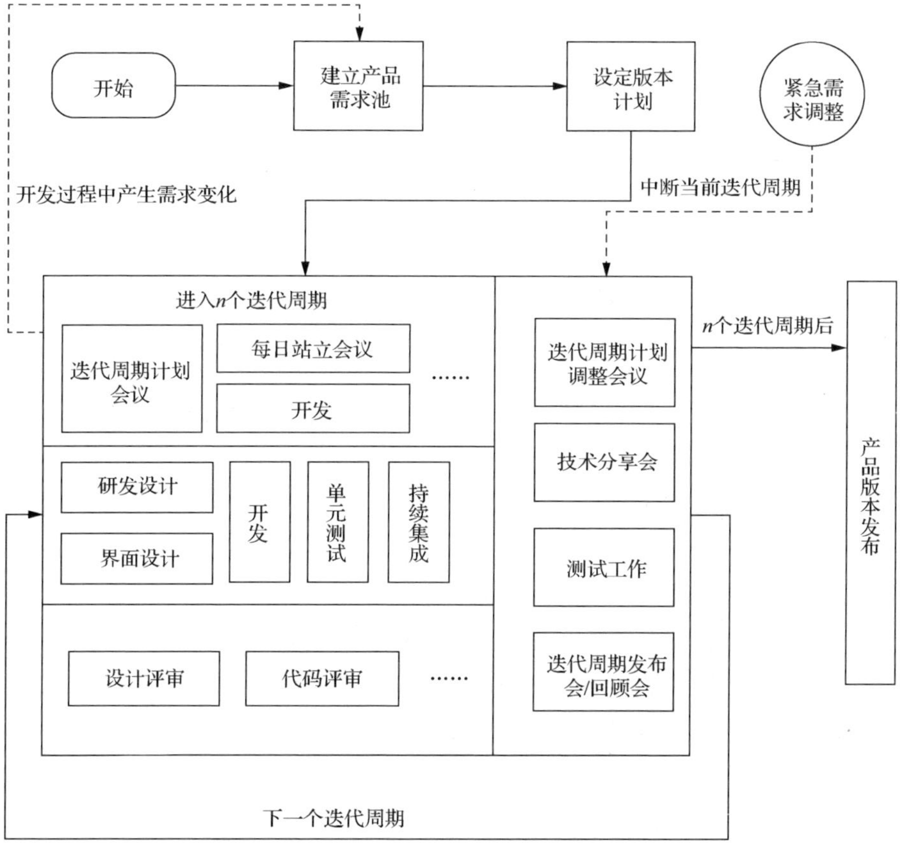

图 6-10 Scrum 流程

Scrum 流程是从建立产品需求池（backlog）开始的，然后设定一定的版本计划。如表 6-1 所示是一个典型的需求池。

表 6-1 典型的需求池

需求 ID	优先级	需求描述	工作人天
001	P0	点击第三方登录按钮，可以成功登录到 App 内	3
002	P1	用户打开 App 后增加欢迎页，持续 3 秒	1
003	P3	设置页面增加用户反馈入口	2
……	……	……	……

在建立了需求池后，在迭代过程中，如果需求发生了变化，我们就需要更新需求池，增加或者修改都是常见的操作。随后，我们要规划未来一段时间几个较大的版本，根据需求池中的需求，从解决用户问题的优先级角度规划未来的几个版本，这里要涉及产品的节奏。

当确定了版本计划之后，将会进入一个迭代周期（sprint），一般为 1～4 周。每个迭代周期都包括了迭代周期计划会议，主要用来进行需求宣讲、评审和开发测试节奏确定。之后进入研发设计和界面设计流程，进行具体的开发、单元测试和持续集成，再进行设计评审和代码评审（技术评审），最后进行发布。除了这些流程，在一个迭代周期中，还会有固定的周会和每日站立会议，也会有一些技术分享会，在每个迭代周期结束后会有发布会和回顾会。在经过若干个迭代周期后，一般会在一些变化较大的版本发布时举办版本发布会。如果有紧急的需求调整，就会中断当前的迭代，重启下一轮迭代。

在迭代过程中，整个团队的任务看板也非常重要，我们需要让所有团队成员随时都能看到。团队成员要通过任务看板知道目前所有需求的状态，以及这些需求处于什么阶段。任务看板如图 6-11 所示。

现在有很多协作项目管理平台都支持任务看板的功能，比如 Trello。在任务看板中，我们可以列出待实现的需求、每个需求对应的负责人、每个需求目前所处的阶段。需求所处的阶段一般包括设计阶段、研发阶段、测试阶段、验收阶段、灰度上线阶段等。每个阶段都会有对应的负责人，但是产品经理或者增长经理需要对自己的需求跟踪到底，并为之负责。

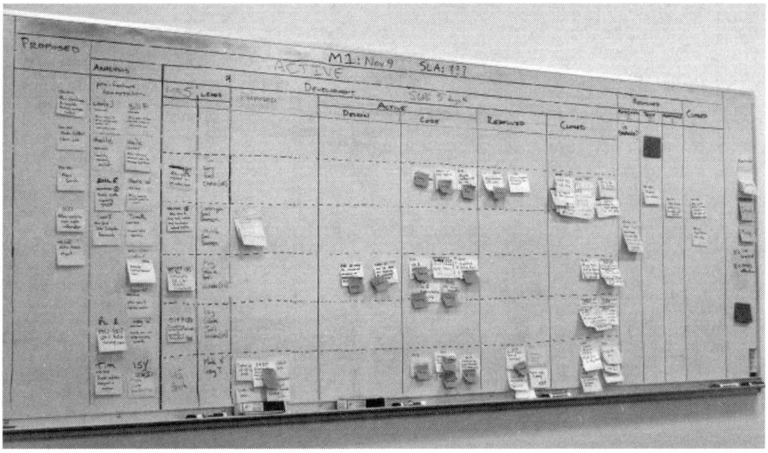

图 6-11 任务看板

当一次迭代完成之后，我们一般还要组织复盘会，去反思在上一个迭代周期中遇到的问题、项目过程中的一些得失，复盘自己在这个迭代周期中的贡献和存在的问题，以及提出一些建议。复盘是非常重要的，在复盘过程中，所有成员可以加深了解，让团队氛围变得更融洽。值得注意的是，复盘会只是针对项目本身的，而不会针对个人，所以一定不能把它变成“吐槽大会”。

6.3 如何给用户增长设定合适的目标

当我们招募到合适的岗位成员、组建好团队、确定了工作的方式和项目开发的流程后，就需要确定项目的增长目标是什么。我们应该如何制定目标，如何把目标传递给每一个成员，如何让团队成员既独立，又可以汇聚到一起完成整体目标呢？

这就是用户增长团队中非常重要的任务和目标管理，在目前的互联网公司管理中，有两种方式比较流行，一种是关键绩效指标（Key Performance Indicator，KPI），一种是目标与关键成果法（Objectives and Key Results，OKR），下面详细分析。

选择 KPI 还是 OKR？

在公司管理和项目管理过程中，有很多制定目标的方法，最常用的是 KPI，在前几年的互联网公司中，KPI 是一种非常主流的管理工具。

KPI 是一种衡量项目好坏、是否达标的标准。KPI 可以用于衡量一个员工的表现情况。KPI 也是公司用于标定公司方向、指明员工工作努力方向的管理工具。个人的 KPI 和公司的整体方向密切相关，公司可以利用 KPI 将整个公司的力量聚到一起，发挥更大的作用。

如果一个公司想获得更多的利润，那么 KPI 可能是更高的销售额、更高的利润率以及更低的营业成本；如果一个产品想获得更多的用户，那么 KPI 可能就包括更大的用户获取数量、更高的留存率等。每个部门都会将公司的整体 KPI 拆解成自己部门的子 KPI。如表 6-2 所示，是一份 KPI 考核表。

表 6-2　KPI 考核表示例

编号	考核岗位	KPI	具体指标数据	达成比例
1	产品经理	用户停留平均使用时长	30 分钟	
2		用户次日留存率	50%	
3		用户 7 日留存率	30%	
4		××功能使用渗透率	60%	
5		人均使用××次数	15	
6	产品运营	活动平均触及用户次数	5	
7		用户反馈率	20%	
8		用户好评率	80%	
9		内容优质度	85%	
10		商店评分	4.8 分	
11	市场投放	每日新增用户数	10 000	
12		自然新增用户占比	30%	
13		付费用户单价	0.5 元	
14		付费用户次日留存率	45%	
15		付费用户使用时长	25 分钟	

但是，在一些复杂的团队或者业务不明确的团队中，一旦 KPI 设置出现问题，或者在拆解的过程中选择了错误的 KPI，那么后果是不堪设想的。比如，我们曾经遇到一个团队的 KPI 是引入 1000 位老师入驻某平台，这个 KPI 被拆解到执行团队后变成了引入 1000 个教师资格证。在最终执行后，我们发现，执行团队上传了 1000 多张教师资格证，并且其中大部分是体育老师的教师资格证。这就是错误地设立了 KPI 导致的结果。

在设定 KPI 时需要选择一个明确的衡量指标。在很多时候，一个衡量指标往往只能衡量一个维度，所以当用一个 KPI 衡量员工后，很可能出现其他问题。比如，用好评率去衡量员工，很可能在一段时间后员工的好评率提高了很多，但是用户的体验会差很多，因为有些员工会骚扰用户以获得好评。所以，一定要记住 KPI 会带来的后果：**你选择衡量什么，你就得到什么。**但这可能也意味着失去了其他的东西。

另外，对于员工来说，KPI 就是他们需要在一定的时间内达到的一个指标。KPI 可以在一定程度上刺激员工的工作动力，但 KPI 也是一把双刃剑。

有些事情值得去做，并且很有可能是从公司战略层面考虑必须要做的探索，但是这种探索在前期根本无法制定 KPI，因为没人知道怎么衡量，如果非要设置 KPI，就可能压制了创新的可能。比如，阿里巴巴在做阿里云业务的前几年里，投入了很多，但是在前期业务的探索期，业务的方向和目标都无法确定，如果当时将收入或者规模作为 KPI，那么估计就没有今天的阿里云了。

一旦设立了 KPI，每个人就只会关注自己的 KPI，却没有人会对这些 KPI 最终形成的结果负责，这样就会出现很多奇怪的场景。员工明明都在努力工作，最后得到的结果却大相径庭。

有效的 KPI 往往是与策略目标紧密相联的，对员工个人、部门、公司整体都是如此。如果一个公司选的 KPI 和它的目标不一致，就好比让邮轮往错误的方向拼命地开，结果它很可能会成为泰坦尼克号。

因此，最近几年在众多一线互联网公司中兴起了新的目标管理方法——OKR。百度、字节跳动、快手等一线互联网公司都开始实行双月 OKR 的考核制度。OKR，即目标（Objectives）与关键成果（Key Results），这种管理方法早在20世纪由约翰·杜尔（John Doerr）提出后，在Goolge、Amazon等科技公司中得到推广并取得了非常好的管理效果。

约翰·杜尔在《这就是OKR：让谷歌、亚马逊实现爆炸性增长的工作法》中详细地阐述了OKR的工作方法。如今OKR的管理方法在互联网公司中已经十分流行。OKR主要聚焦于最终目标（即“O”）和过程中的关键结果（即“KR”）。通过集中、协同、回查、追踪等方法，聚焦于公司发展最重要的方面，同时让整个企业的目标上下一致，确保所有员工的利益都与公司的利益相符，从而提高公司的整体业绩，保证员工的满意度和公司的收益。

与KPI相比，OKR制度的好处主要有以下几点。

1）OKR的目标不是考核，而是为大家指明真正的方向。

我们都知道，没有一个能够100%完成的OKR。如果有，那么一定是设立错了。OKR使员工可以尝试探索新的领域，最好能够超过能力范围，相比100%完成的OKR，70%～80%的OKR才是接近完美的，能够明确极限的方向，才会激发团队更多地去探索和创新。同时，OKR不是用来考核团队或者员工的，而是一种提醒，告诉大家目前所处的情况、当前的主要任务有哪些，并相信员工会自发和创造性地完成任务。这会让大家更专注于目前的领域探索，有可能创造出更大的价值。

这与KPI考核有很大的不同，KPI要求大家一定要达到一个数字，即使这个数字可能是错的，但OKR是一个较宽泛却更加正确的O。

2）KR为实现目标指明了关键路径。

OKR中的Key Results是对前面设定好的Objective的步骤性的定义，为如何实现一个目标制订了具体的计划。比如，我们的O是完成内容社区的冷启动，那么KR应该是如何做冷启动，如在9月完成10万条冷启动内容的引入、完成内容的整体分类和标注。在定义KR时，我们必须保证KR的描述是可量化的。比如，“引入足够的好内容”，就是模糊的、不能量化的，我们必须把它细化到“9月完成引入10万条内容”。KR的制定是OKR制定环节中非常重要的一步，只有有了靠谱的 KR，在执行时目标感才会更强，效果才会更明显。

3）OKR 是全公司公开的，可以让全公司的目标信息更加一致。

在很多公司中，OKR 的内容和成绩都是全公司公开的，内部员工可以看到每个人的 OKR 及其变更记录。这样的结果是产生了监督的作用，员工只要写下自己的 OKR，就一定会努力地完成。我们也能通过过去的 OKR 知道每个员工过去都做过什么。

底层的员工能够看到自己的上司和 CEO 的 OKR，就能够知道公司目前的努力方向，可以将自己的 OKR 和上司的 OKR 联结起来，以保证形成合力。如表 6-3 所示为百度 CEO 李彦宏公开的 OKR。

表 6-3 李彦宏的 OKR

	Objectives	KR1	KR2	KR3
O1	打造一个空前繁荣、强大的百度移动生态	恪守安全可控、引人向上、忠诚服务、降低门槛的产品价值观，持续优化用户体验，提升百度系产品的总时长份额	恪守良币驱逐劣币的商业价值观，实现在爱惜品牌口碑、优化用户体验基础上的收入增长，收入****亿元，增长**%	产品要有创新，不能总是 me too，me later
O2	主流 AI 赛道模式跑通，实现可持续增长	小度小度进入千家万户，日交互次数超过*亿	智能驾驶、智能交通找到规模化发展路径，2019 年、2020 年均能有*倍速收入成长	云及 AI2B 业务至少在*个万亿级行业成为第一
O3	提升百度的组织能力，有效支撑住业务规模的高速增长，不拖战略的后腿	全公司成功推行 OKR 制度，有效降低沟通协调成本，激励大家为更高目标奋斗，取得比 KPI 管理更好的业绩	激发从 ESTAFF 到一线员工的主人翁意识，使之比 2018 年更有意愿有能力自我驱动管理好各自负责的领域	建立合理的管理人员新陈代谢机制，打造出不少于 2 名业界公认的优秀领军人物

当你觉得自己上司的 OKR 和公司的方向有偏差时，你可以坦然提出其中的偏差，确保团队的方向正确。公开 OKR 是一种非常好的企业文化，目前很多公司，比如字节跳动、LinkedIn，都鼓励员工公开自己的 OKR。

在一个用户增长团队中，可以尝试通过 OKR 实现用户增长的目标。我们可以这样来设立 OKR：

- Objective——获取更多新用户。
  KR——付费渠道的用户量在目前的基础上提升 25%，并且留存率保持不变，单价保证持平。
  KR——自然渠道的用户占比提高 30%。
- Objective——提高用户留存率。
  KR——优化新用户的体验，在原有基础上把新的用户留存率提高 10%。
  KR——老用户召回，将活跃用户的留存率提高 15%。

通过以上 OKR 的设立，就能清晰地知道目前团队的主要工作方向和目标，再通过具体的 KR，就可以拆解出更具体的行动项了。这样一个一个 KR 基本就可以将我们的行动导向一个明确的结局。

当然，OKR 的设立是有一定阶段性的，每个阶段的 OKR 必然不一样。同时，在设立 OKR 的过程中，也会出现设立错位的情况，因此 OKR 也要经过修改的过程。比如，在执行过程中，发现某一个 KR 对于整体的 O 有着更好的贡献，并且投入产出比较高，那么就可以侧重于某些 KR，而忽视一些 KR。

6.4 落地效果回查和监测

很多时候，我们设定了非常美好的愿景和“行军路线”，但是在实际执行过程中却经常走样、变形。那么，如何避免这种情况呢？一个非常有效的方式就是关键路径、结果的回查和监测。

什么是关键路径、结果的回查和监测呢？举一个例子，我在做一个内容社区时，有一个非常重要的目标是找到内容社区的调性，也就是社区特有的内容类型或者风格。为了知道什么样的内容调性是合适的，我们需要在内容列表中进行一系列试验。这个想法看似非常简单并且可以执行，但是在执行过程中我们发现，尝试探索的内容类型始终难以保证完全符合原本的设想，总会出现偏差，以至于最后的测试结果也难以置信。这个问题就是典型的有着非常好的设想，但是因为执行不到位而得不到想要的结果。

那么，如何解决这个问题呢？我们使用了关键路径和结果回查的办法，首先找到关键路径。我们的目标是得到固定调性的内容，内容的整体传送流程举例如图 6-12 所示。

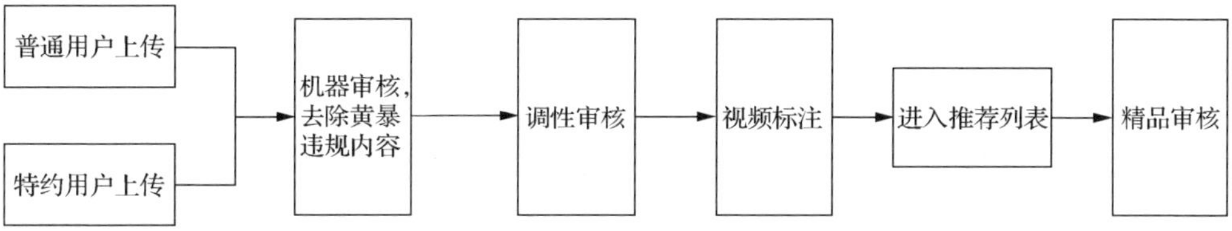

图 6-12　视频进站流程

为了保证内容调性符合要求，主要的关键步骤有两步，一步是调性审核，一步是视频标注，我们只需要重点监控这两步的内容输出质量，基本就能保证内容调性是合适的。所以，我们设立了每天回查的机制，在调性审核这个步骤上，每天抽查一定数量的视频，观察调性审核的准确度；在内容标注步骤上，也抽查每天标注新内容的准确度，最终形成日检查制度，每天回查的数据报表如表 6-4 所示。在实行回查制度后，内容调性的准确度明显提升，从事审核工作的同事也会更加认真。

表 6-4　回查数据表

日期	责任人	调性审核			内容标注		
		抽查数	合格数	合格比例（%）	抽查数	合格数	合格比例（%）
2019/9/8	×××	100	80	80	100	79	79
2019/9/9	×××	100	85	85	100	83	83
2019/9/10	×××	100	90	90	100	90	90
2019/9/11	×××	100	87	87	100	95	95
2019/9/12	×××	100	83	83	100	84	84

结果回查和监测的核心点就是找准把控执行质量的关键指标或者关键步骤，这是在质量监控中非常重要的部分。

举个例子，在企业模拟经营游戏中，《信封工厂》非常经典。这个游戏的规则是，参与的人以小组为单位，每组领取一定的材料，包括纸、胶水、尺子等，还有信封的生产规格和尺寸要求。然后，要求每组在一定的时间内按照标准生产信封，时间一般为 2 小时。每组拿出自己生产的信封，老师们负责“收购”，如果信封与标准信封的长宽误差在 5 毫米以内，就认为信封合格，那么按照标准价收购；如果误差在 5～10 毫米，那么按照 8 折收购；如果误差在 10 毫米以上，那么不收购。最终赚到钱最多的组获胜。

在这个游戏中，最重要的步骤是质量回查。很多人在玩这个游戏的时候，觉得生产力是最重要的，因此都去生产信封，最终导致大部分信封不合格。为了能够让更多的信封合格，我们必须在生产信封的过程中，将质量回查放在合适的位置上。在信封的制作过程中，决定信封是否合格的关键步骤是折叠好信封之后粘贴，因此必须有人负责在粘贴前用尺子测量信封的误差，以保证粘贴好的是合格品。

第7章

用户增长实例

通过前面的章节，我们从整体的视角观察分析了用户增长的重要环节和一些具体的措施，大致构建了用户增长的整体框架，了解了什么是用户增长、用户增长的核心因素有哪些、在每个因素或者阶段上该如何操作。

本章将从笔者以前做过的产品中，挑选一些具有代表性的，利用前面章节叙述的用户增长知识去解构每一个产品的历程，这个过程可以帮助你更好地理解用户增长在实际工作中的使用。有些案例在前面章节的举例中有所涉及，但是不够完整，这里更详细地叙述前因后果。

7.1 利用免费电话挑战微信

2014 年，我们做了一款主打免费通话的网络电话 App，Android 端和 iOS 端的峰值月活将近 5000 万。我们的目标是让月活快速突破 1 亿，彼时微信的月活刚到 3 亿，我们似乎看到了免费电话颠覆微信的可能。

我们在分析用户需求时，从高频、刚需的角度考虑，毫无疑问，打电话是一个不可避免的需求。当时人们打电话还存在一个痛点——资费较高，特别是还有漫游费、长途费等。对于一些在外地工作的用户来说，向家里打电话的成本非常高。

为了解决这个问题，市面上出现了很多网络电话。有些网络电话采用 IP 电话的方式，耗费流量，类似于微信语音电话，但是双方都必须安装相应的 App。有些网络电话承包了运营商一些质量较差的线路，主打低价电话，但是通话质量较差，并且没有来电显示的功能，导致接通率非常低。因为当时主流的网络是 2G 和 3G 网络，所以微信自带的语音电话一方面流量费较贵，人们一般只在 Wi-Fi 下使用；另一方面 2G 和 3G 网络的通话质量较差且不稳定。在分析了上述情况后，我们觉得在解决用户打电话方面有着巨大的空间，也许有像当年微信替代短信一样大的机会。

在明确了用户需求后，我们开始设计第一个 MVP 版本，定义的用户主路径如图 7-1 所示。

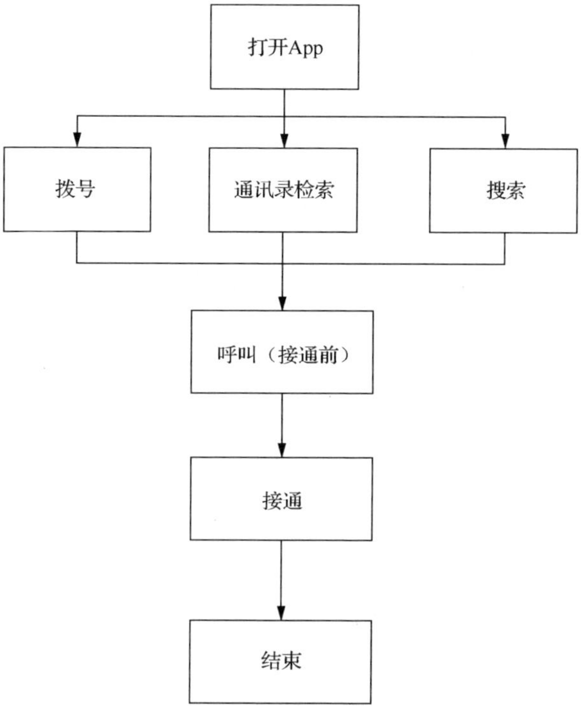

图 7-1　打电话的主路径

用户的主路径是打开我们的 App，在通讯录中找到需要呼叫的人，然后给对方打电话，等到对方接通，完成通话即可。我们的 App 的体验要比手机系统自带的呼叫功能更好。

在用户的主路径上，我们保证每个节点都是和竞品相比体验更优的。首先，我们做了一个非常好用的通讯录，在联系人的查找上，做了当时领先的九宫格搜索；在通讯录检索上，为了更方便用户找到目标联系人，做了滑动字母索引条，用户在使用索引条时会出现对应的汉字姓氏。在用户的检索和查找联系人的效率上，我们的通讯录相比系统自带的通讯录有明显的提升。

在呼叫环节，我们使用了业内首创的方法——利用流量连接我们的服务器。在服务器端，我们通过购买通话线路，可以直接呼叫任意手机和座机号码，这是当时的网络电话所不能支持的。在这个过程中，因为用户仅仅连接我们的服务器，需要消耗的流量极少，并且对网络的要求不高，在 2G 网络下可以成功地发起呼叫。另外，因为我们采用了运营商的线路，因此通话质量和手机正常拨打电话的通话质量相当，远比当时很多网络电话的通话质量和稳定性好。当然，这付出了很高的运营成本。我们还大范围地使用了可以显号的线路，因此当用户呼叫对方时，被呼叫人的手机上可以直接显示呼叫人的号码，极大地提高了接通率。

因为这些良好的体验和可以直拨、显号、对方无须安装 App 等特性，以及在初始冷启动时，我们赠送了很多通话时长和话费代币，所以在初期用户几乎完全免费使用。在上线后，获得了极好的用户留存情况，以及非常好的用户传播效果。为了加速用户增长，我们在 2014 年就做了最早的基于朋友圈的社交裂变，举办了分享 App 赢取百万话费的活动。活动在举办后的几周内，迅速在朋友圈中传播，迎来了指数级的增长；日活同样随着新增用户数量同步扩大，在峰值的时候，逼近 1000 万。

在数据上涨的同时，我们遇到了很多的问题，最大的问题是每个月的运营成本急剧上升，其中主要是线路费用的暴涨。为了减轻成本的压力，我们开始收紧免费时长的发放，百万话费的活动逐渐暂停。这个时候，当免费的优势没有那么强之后，我们的话费和传统的电话相比依然很有竞争力，因此对整体数据的影响不是特别大。后来，我们又遇到了一些政策上的问题，运营商对于线路的使用收紧，导致线路成本急剧上升。

当时我们觉得，只要加快商业化，实现用户的高付费率，就可以抵消成本的增长，因此做了很多商业化的尝试，比如付费会员、直播、信息流广告等。在一切似乎慢慢变好的情况下，我们却被时代的大潮狠狠地盖过了。

到了 2015 年下半年的时候，国内 4G 网络的覆盖率大幅度提升，资费持续降低。如图 7-2 所示，为 2010—2016 年中国 3G/4G 用户数量统计。在 4G 网络环境下，微信语音聊天变成了更好的选择，在微信的聊天场景中，用户无缝地接入语音通话。在网络流量费持续下降后，越来越多的人选择了语音聊天和视频聊天。免费电话模式通过微信语音实现了，我们的产品被迅速地抛弃了。

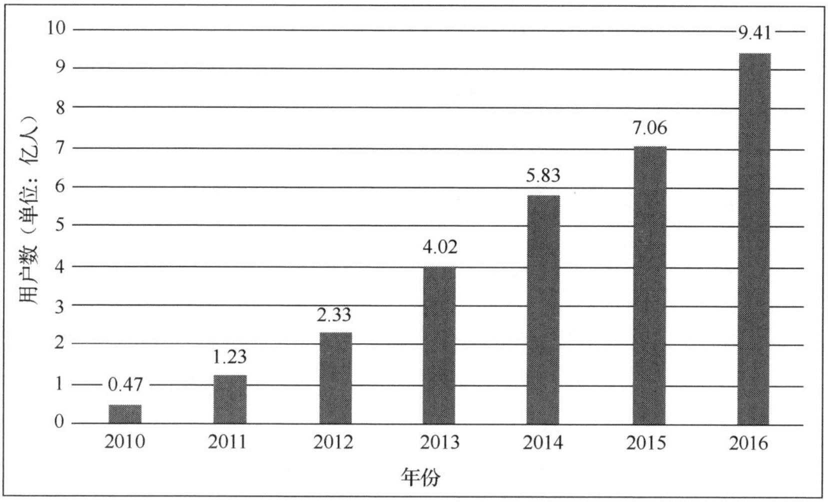

图 7-2　2010—2016 年中国 3G/4G 用户数量统计

在这段经历中，我们的确找到了一个非常高频且刚需的点，并且在当时的情况下，给出了一个不错的解决方案，赢来了一次非常好的用户增长。但是当外部环境变了之后，我们的产品很快被替代。从本质上来说，是因为我们没有很好地构建竞争的壁垒，我们的竞争优势一直是免费电话，但是没有趁着免费电话的热潮真的将用户关系沉淀下来，不然也不至于在网络资费降低之后，用户急速流失。在给了用户免费电话的预期后，我们应该再改变用户的预期，将免费电话变成社交工具。

在产品遇到极大问题后，我们进行了几个方向的尝试。前面提到的商业化措施非常不顺利，究其原因，被免费电话吸引过来的用户的付费欲望可想而知。我们一度尝试做一个好用的电话本、一个纯工具，并想基于此沉淀用户关系，替换系统的通讯录，但是语音聊天时代的通讯录本身就很少被使用了，直接被微信的通讯录 Tab 替代了。最后，我们还尝试定义一款海外应用 Telegram 的主打点——安全，但是当时的用户对于安全加密的需求不强，我们也给不了用户太多的安全加密方式。我们也曾想做一个语音通信的 SDK，与手机厂家合作，帮助他们实现免费通话，并与国内几家手机设备生产商达成了合作，最终的结果和前面的一样。当用户已经习惯使用微信语音通话后，再让他们迁移到其他地方太难了，即使是通讯录。最终，所有的尝试都无法改变这个产品死亡的命运。

这段经历让我第一次感受到市场竞争的残酷，在你已经无法解决用户的问题、无法交付价值后，再多的尝试都是白费的，不如趁早放弃，别较劲。

7.2 中国直播模式的海外绽放

2016 年被称为移动直播元年，但是 2015 年映客直播在国内就已经展露头角。当时映客直播在海外也发布了一个直播版本，但是可能因为国内的直播突然火了起来，海外的直播 App 被忽视了。

在 2016 年年初，我们同时有两个团队在国内和海外分别发布了两款移动直播的 App。我所做的海外产品的目标是探索中国直播模式在海外的发展。当时海外有两款直播产品，一款是 Periscope，一款是 YouNow，都是美国团队开发的。这两款直播产品的设计思路都是希望通过直播这种形式来帮助用户互相认识，它们主打的都是陌生人社交。

我们的直播产品的思路完全脱胎于国内的移动直播，就是给用户提供一个认识有颜值、有趣味、有才艺的美女和帅哥的机会。在产品设计早期的原则中，区别于其他异步的内容平台，我们更加强调直播间的互动。当我们的产品上线后，通过签约的俊男美女快速搭建了一个有美女帅哥的直播互动平台，新用户的留存率在 70%以上，并且在零投放的情况下日活很快达到了 1 万。因此，后续在解决这个核心互动问题上，我们做了非常多细致的工作。

7.2.1 定义热门直播列表

在我们的直播 App 上线前期，列表的直播内容是很有限的，为了能够满足更多人的需求，并且使善于互动的直播间被用户看到，我们要解决的第一个核心问题是：如何让优质的直播间优先被用户看到？

因此在排序时，我们需要把优质的直播间放在列表靠前的位置，这就是我们经常看到的热门列表，对于热门的定义就是平台对于优质直播间的定义。

对于直播间是否优质的判断有很多维度，比如直播间的人气、直播间的营收等。这要与产品本身的定位和所处的阶段联系起来判断。因为我们的产品处于起步阶段，所以我们希望用户能够更多地留在直播间里，同时我们对产品的定位是促进用户和主播之间互动（公屏消息），因此我们制定的判断直播间是否优质的标准只有以下两条：

- 能不能留住用户（用户是否愿意一直观看）；
- 能不能让用户聊起来（用户是否愿意发送公屏消息）。

在有了这两个标准之后，我们看重的主要因素是人数、x 分钟留存率、人均公屏消息数、公屏消息率。下面简单介绍这几个因素的计算方法（每隔时间 t 进行计算）：

- 人数。实时计算直播间的人数。
- x 分钟留存率。x 可以选择为 3 分钟或者 5 分钟，其实与跳出率类似。以 5 分钟留存为例，其定义为在一个 5 分钟的时间段内，前 2 分钟进来的用户数记为 m，在 5 分钟时间段过后（3 分钟后）依然在直播间的用户数记为 n，则 5 分钟留存率为 $r = n / m$。
- 人均公屏消息数。这个指标考查用户在直播间内是否愿意与主播互动，因为送礼物的门槛比较高，所以用公屏消息数判断较合适。人均公屏消息数的定义为发言的总条数除以发言的总人数。
- 公屏消息率。如果只考查人均公屏消息数，那么只能反映发言的人与主播互动的强度，我们还要考查互动的广度，即公屏消息率。公屏消息率的定义为发言的人数除以直播间的总人数。

在有了上述因素定义之后，问题就变成了如何将这些因素综合在一起成为一个值来反映直播间的优质程度，这个值也就是排序所要用到的排序值。将多个不同维度（不同单位）的因素综合到一起的方式有很多，比较常用且简单的就是普通线性加权，即将多个因素 $fac1$、$fac2$、$fac3$ 归一化之后，给每个因素配一个权值 α、β、γ，然后把它们线性加到一起，即：

$$\text{RankValue} = \alpha \times fac1 + \beta \times fac2 + \gamma \times fac3$$

值得一说的是，不同因素的归一化方法有很多种。我们可以从产品业务角度出发进行非线性的归一化，将不同因素都划分到 0～1 分。比如人数，从业务角度定义的话，当人数较少时，譬如少于 10 人，定义为 0.1 分；当人数上涨较快时，我们给的分数也可以较高，比如 11～20 人，定义为 0.3 分；当人数特别多的时候，直播间的人数已经不那么重要了，可以将过高的人数定义为 0.9 分；当再多时，甚至可以将分数降低，给予一定的惩罚，从而在一定程度上避免马太效应。因此，因素的归一化如果只按照数学上提供的方法可能不太符合业务的实际情况。

同时，在计算参数的过程中，我们还要注意，在计算一些比例项时，譬如留存率项，就会出现一个问题，当分母过小时指标并不能反映真实情况，例如只有 1 个人在直播间，如果在几分钟后他还没有走，那么此时的留存率就是 100%。对于这种问题的处理方法很多，比如直接在分母中加一个常量，或者定义一个分母的最小阈值，小于这个阈值的不在统计范围内。

按照上述的排序算法，我们给定一个初步的权值之后基本就可以灰度上线了。在上线前，我们还需要明确算法的衡量标准，否则调节参数、增加排序因素维度都会丧失目标。其实列表和现实生活中商店的商品橱窗起着同样的作用——展示给用户、吸引用户购买（进入观看）。好的橱窗展示应该是当用户看到商品时就会去买，所以一个好的列表就是让用户看到就想去点，然后一直观看，不停地和主播互动。从成本和收益的角度来看，列表中任何主播的直播间的曝光都是我们的成本，因为用户（流量）是有成本的，所以我们的收益应该就是点击、观看时长、公屏消息数等。因此，我们对衡量指标的定义就是：

- 直播间的点击量/列表的曝光量；
- 直播间的人均观看时长/列表的曝光量；
- 直播间的消息总数/列表的曝光量。
- ……

不同阶段的产品的侧重点可能不同，对于不同的侧重点，我们应该关注某一个指标，当然也可以将上述衡量指标综合成一个总的关键指标。在有了这个指标后，我们要调节参数，通过这些指标来判断调整的好坏，从而决定某一组参数要不要上线。

7.2.2 如何解决热门列表的马太效应

在进行了很多次的热门列表调优后，我们又遇到了更严重的问题。列表排序主要依据的是直播间的用户数和留存率等因素，加上一些运营策略，诸如置顶、运营内容优先等，在上线后基本可以满足挑选出质量较高主播的目标。但随着用户量的增长，头部集中的问题就慢慢显现出来了，大部分用户集中在少数几个人的直播间里，其他的直播间很难被看到。这就是我们常说的马太效应。

到底应该如何看待这种流量集中呢？从成本和收益的角度来考虑，直播间的曝光其实就是平台的成本，相应的转化，比如，点击、评论、关注、礼物等就是平台的收益。我们可以套用计算广告中的一个数据，每 1000 次曝光带来的收益，即 RPM（Revenue Per Mille Impressions，千次曝光收益）。

我们可以把 RPM 作为主播曝光价值的衡量指标，然后根据流量集中的直播间在这个数据上的表现，来判断目前平台中流量集中的好坏。

据此，我们查看了平台排序 Top 直播间的 RPM，特别是一些置顶直播间的 RPM，结果发现远远低于平台均值。这就说明，头部主播已经被过度曝光了，我们给他们的曝光没有换回相应的收益。由此可以判断，流量集中已经给平台带来了问题，流量没有得到最有效率地利用。

通过前面的分析，我们知道头部主播的 RPM 是低于平台均值的。这从侧面说明了用户对头部主播的喜爱没有我们预想中那么理想。与此同时，用户的人均进直播间数也在增长，这说明很多用户在不停地寻找主播，已经厌倦了头部主播。基于此，我们一方面修改之前的运营策略，尽量控制置顶行为，取消专业生产内容（Professional Genarated Content，PGC）优先的规则等；另一方面在产品逻辑上，控制头部主播的曝光，增加中尾部主播的曝光。

实现这个办法的策略有很多。我们最初采用了一种特别简单粗暴的方法——随机抽取。我们将平台的主播按照已有评分进行排序，之前的排序策略是所有人都能看到排序中所有的主播，但在这种情况下，大部分人只会看到排名比较靠前的主播。因此，我们将排序分成若干段，将主播分为大主播、中主播、中小主播、小主播等几个级别。然后，从这几个级别中随机抽取部分主播组成一个用户的列表。这使得每个人看到各种类型的主播的概率增大了，特别是会看到很靠后的主播；同时又因为从每一种主播中随机抽取，使得以前被所有人都能看到的大主播变成了只有部分人可以看到，起到了限制大主播曝光的作用。我们可以定义几个衡量这种流量分散效果的指标：

- 有人看过的直播间比例（有人看过的直播间数／所有直播间数）；
- 第一个人进直播间的平均耗时。

在这个策略上线后，在整个平台中，所有直播间被看过的比例大幅增长，第一个人进直播间的平均耗时缩短了很多。从这些数据来看，我们达到了流量分散的效果。现在回头看，当时胆子有点大，一下子把流量分得这么散，还是完全没有考虑控制的，仅凭灰度上线试验时的部分留存、使用时长等基本数据作为依据，最后整体 RPM 居然有所提升，也是运气不错。

经过这样粗暴的流量分散，的确解决了头部过度集中的问题，但是我们的目标不是把流量分开，这只是手段，目标还是优化 RPM，尽可能地提高整体 RPM 均值，让流量分配得更合理。

为此，我们觉得对于所有主播来说都应该存在一个合理的曝光量，这个合理的曝光量正好可以保证他们所带来的 RPM 是最大的。与现实社会中对应起来就是，大明星就应该拥有较大的曝光量，因为他能维持住，小网红的曝光量应该少一点，一个普通的邻家女孩可能有几个附近的曝光就可以了。因此，我们可以建立一个主播所对应的合理曝光量，于是问题就转化为如何确定一个主播的合理曝光量。

要想确定主播的合理曝光量，可以采用增量测试的办法，给所有来平台开播的主播一个基础的曝光量，然后可以得到一个考核的指标。就像考试一样，给一个分数，如果分数不错，那么再增加曝光量，如果依然表现不错，就继续增加曝光量；如果表现一般或不行，就停止流量的增加，以此动态地确定一个主播的合理曝光量。

在主播的合理曝光量确定后，我们需要找到合适的方法达到这样的曝光量。这里简单介绍一种思路，学过控制理论的人都知道，闭环控制首先要得到一个反馈量，在有了反馈后才能通过控制算法控制输出。我们可以简单套用这种反馈的思路，如图 7-3 所示。

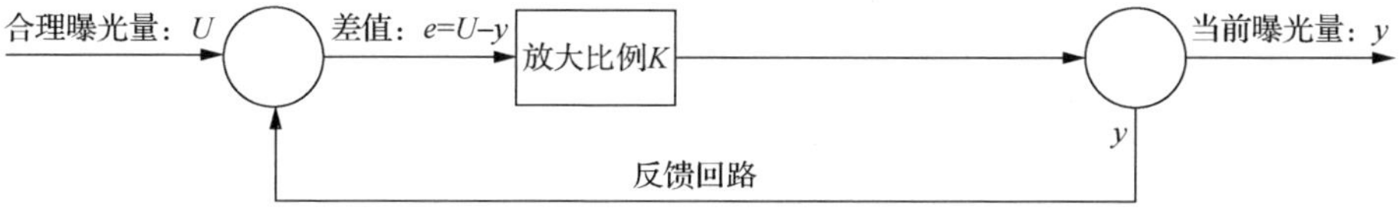

图 7-3　基于反馈回路的曝光控制系统

U 为合理曝光量，*y* 为当前曝光量，*e* 为合理曝光量和当前曝光量的差值，我们可以把这个差值融入直播间在列表排序的分值中。这样，没达到合理曝光量的直播间差值 *e* 就会很大，该直播间的排序就会靠前。如果达到甚至超过合理曝光量，那么误差 *e* 为 0 或负值，就会降低原有的排序值、降低排序，从而减少曝光。

我们后来也尝试了利用个性化推荐的方法进行更细致的流量分散，因为直播平台内容种类不丰富，虽然同时在线的直播间个数很多，但是距离个性化推荐所要求的个数还是过远，所以个性化推荐并没有起到特别好的效果，倒是很多强规则的方式，比如，让新用户观看新主播、让各个国家之间的直播按照一定规则推荐，起到了更好的效果。

7.2.3　折戟“陌生人社交”

当我们在直播间强化“互动”后，用户之间的交流似乎越来越多，很多用户通过我们相互认识并成为很好的朋友，平台内也出现了很多家族概念的群组，似乎一切都在暗示我们，我们的产品可以演变成社交平台。这将是一个巨大的机会，是一个用户增长天花板远高于直播平台的机会。

所以，我们并没有像很多国内直播平台一样在用户达到一定水平后，转向“秀场直播”疯狂赚钱，而是希望在海外做一个基于直播的社交平台，弯道超车 Snapchat，成为年轻人更喜欢的社交方式。我们当时认为，直播场景是在当前技术背景下仅次于面对面的方式。这种观点现在看来并没有错，现在诞生了很多视频一对一的社交方式，比如特别火的伊对。

但是，我们在进行社交尝试时，犯了一些比较低级的错误，过分强调了 IM。IM 只是社交的使用工具，而不是社交的本质。我们在 IM 上做了很多工作，推出了类似于 MarcoPolo 的短视频 IM 工具，用户之间的私信只能通过短视频的方式发送和接收。但是用户明显对这个功能不感兴趣，私信的使用次数急剧减少。回过头来，我们意识到强化社交的场景、展示用户价值、帮助用户破冰才是我们应该去做的。因此，考虑到直播相比 Snapchat 的阅后即焚，是更夸张的“未阅即焚”，太过于实时的直播，让用户之间相遇的比例变得非常小。所以，我们想鼓励用户发小视频，丰富自己的个人页，展示自己的价值，进而促进用户匹配。这个思路在现在来看没有问题，陌陌的个人页已经有了很多视频。很多陌生人社交软件都在用视频展示用户的个人信息。但是问题是我们太过于一厢情愿了。

当上线了短视频之后，我们发现，直播用户发布的很多短视频是无意义的直播预告，他们把这个功能当成维护粉丝的功能了。对于不直播的用户来说，让他们发布一条视频的难度可想而知，他们只是想过来看看“小姐姐”，为什么要自己发视频呢？所以，当视频功能上线后，大部分视频是无法进行社交匹配的。对于用户的教育变得异常艰难，因为我们给用户营造的预期就是一个直播平台。偶尔的几个社交行为，更像是一种偶发的行为，不能代表整体的用户认知。

在那之后，我们决定全面转向秀场直播，让付费的权重高于互动，平台的营收迅速上涨，很快实现了盈亏平衡，并迅速盈利，到现在这还是一款非常好的现金流产品。

所以，当产品遇到增长瓶颈而希望突破的时候，选择改变用户认知和预期不能说一定不行，但至少是一条很艰难的路，有时甚至还不如再做一个产品。

7.3 下载工具的野蛮生长

在 2010 年之后，中国有很多公司出海，最早出海的是一批工具类的产品，后来慢慢过渡到内容类产品。在这个过程中，我们的一款产品也经历了出海。

7.3.1 跟着“巨人”走

当我们在 Google 搜索“YouTube video”的时候，出来的联想关键词中，排位很高的就是“YouTube video down 1080p”（YouTube 1080p 视频下载），如图 7-4 所示。这其实就是用户最真实的需求，很多人都会在 Google 中搜索 YouTube 视频的下载。

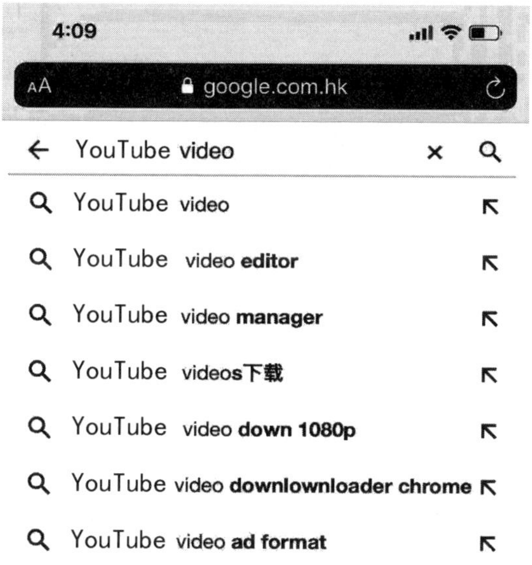

图 7-4 “YouTube video”搜索联想词

这就是 YouTube 这个“巨人”留给我们的机会。YouTube 在海外很多国家中都是最主流的视频消费平台，但是不同的国家因为网络环境的问题，使用 YouTube 的方式和习惯是有差异的。2015 年前后，我们发现印度的网络不稳定，4G 网络和 Wi-Fi 的普及率都不高，人们在消费 YouTube 的视频内容时，更愿意选择在有 Wi-Fi 的地方下载，然后在没有网络的地方观看，但是 YouTube 并没有提供下载工具，因此很多浏览器做了下载视频的插件。

在印度，因为移动互联网的发展，人们几乎完全跳过了 PC 互联网时代。因此，很多用户是在手机上使用 YouTube 的。同样为了满足下载的需求，我们在移动端做了一个专用下载工具。这个工具非常简单，当用户输入 YouTube 视频的链接后，可以帮助其下载。

为了提高用户的下载体验，我们梳理了用户下载视频的场景和流程，并据此优化。用户下载的主要路径是在 YouTube 中观看视频、复制链接、打开 App、粘贴链接、开始下载。在这个流程中有很多问题，比如，很多用户不知道如何复制移动端 YouTube 视频的链接，在进入我们的 App 后，无法完成下载。为了更好地优化用户体验，我们在 App 内做了一个站点导航，用户可以直接在我们的产品内访问 YouTube，在进入视频播放界面后，我们的产品会自动解析下载地址，出现下载按钮，用户只要点击下载按钮就会进入下载列表。通过这种方式，我们大大提高了用户使用的频率。但是这里还有一个关键的问题，因为印度的网络不稳定，如何提高用户成功下载的比例是核心问题。在产品上，我们做了很多针对弱网、不稳定网络环境下的下载优化，比如断点下载、自动重试、在 Wi-Fi 下自动恢复下载等。在经过几轮优化后，我们的产品的下载率有了明显的提升，用户的留存率显著提升。

7.3.2 和“巨人”抢食

当我们的产品靠下载工具在印度市场站稳之后，随之而来的问题是，用户使用我们产品的频次还是偏低，于是我们问了自己一个问题，当用户愿意用我们的产品下载视频时，如果我们为他们提供更多视频的来源，那么他们是不是就可以在我们这里一边看一边下载了？

我们对这个问题的回答是肯定的，因此在产品内提供了很多内容的分类。很多印度用户喜欢电影、音乐、娱乐、体育视频等，我们就帮助用户把全网杂乱的视频内容进行了分类，并给予他们导航，这样用户就可以在我们的产品里看到全网的优质内容，进而进行观看或者下载。在这个版本的产品上线后，整体的使用时长提升了很多，我们明显感受到用户对于我们产品的黏性增加了，用户留存率和每日新增的用户数都逐渐提升了。产品走上了自增长的道路。

2016 年，印度的主要电信公司 JIO，类似于中国移动，在印度国内开始推广 4G 网络，同时推出了免费的套餐，几乎在一夜之间，将亿万个用户接入了移动互联网。这无异于天赐馅饼。这批用户的持续引入在用户增长侧实现了惊人的增长，产品本来已经处于非常好的状态，这一事件就像一个加速器，使得日活迅速突破了千万，并且一路狂奔。

7.3.3 野蛮增长

在海外最大的商店是 Google Play，但是 Google Play 在印度的渗透率并不是特别高，所以我们也开辟了很多其他渠道，比如与很多视频网站合作换量、与很多较大体量的用户合作换量、在搜索中做 SEO 提升官网的曝光量，进而获得更多新增用户。在社交媒体上，我们利用已有的用户量，迅速做出了一个粉丝众多的主页，通过定期的内容发布、运营活动扩大账号的影响，进而获得了更多的下载量。

除了扩展这些渠道，我们也开始从产品自身去做更多的扩散。在利用用户分享的过程中，我们将安装包随着用户分享的内容一并分享出去，进而实现 APK 的传播和安装。在印度因为 WhatsApp 的活跃，所以我们也利用 WhatsApp 组建了很多用户群，帮助产品进行传播，都起到了不错的效果。

在这个过程中，我们发现如果真的帮助用户解决了一个问题，那么用户对我们的忠实程度是惊人的，他不仅会自己使用，还会推荐给他的朋友们，帮助产品实现增长。Android App 的用户获取渠道，不像苹果市场的垄断性那么强，有很多可以拓展的合作渠道，一个渠道一个渠道去做才会对用户增长有更深入的理解。

7.4 流量为王吗

在传统商业中，流量是一个非常重要的因素，在一个商业中心中流量最好的店铺一定是最贵的。对于广告来说，流量代表着金钱。在前面的章节中，我曾提到直播产品的竞争的本质是流量的竞争，谁掌握了流量，谁就掌握了竞争的主动权。很多人特别是市场渠道推广人员都会说“流量为王”。

我曾经面对这样一个产品机会，团队中已经有了一款接近 5000 万日活的产品，根据用户画像显示，大部分用户都是视频消费用户。我们想做一个视频社区产品，也许每个产品经理都有社区梦，当我看到这样的产品机会时非常兴奋，我以为这么多用户，一定可以从中探索出一个社区，然而事实狠狠地给我上了一课。

7.4.1 脱离用户的产品设计

我们经常说产品设计要从用户出发，但有的时候，如此简单的道理却显得非常难。当我们开始设计这个社区产品时，我们没有想到底为什么用户解决什么问题，而是从市场宏观的角度分析在各条赛道中，我们应该切入哪条赛道、应该利用什么样的飞轮。当时，我们讨论的结果如图 7-5 所示。

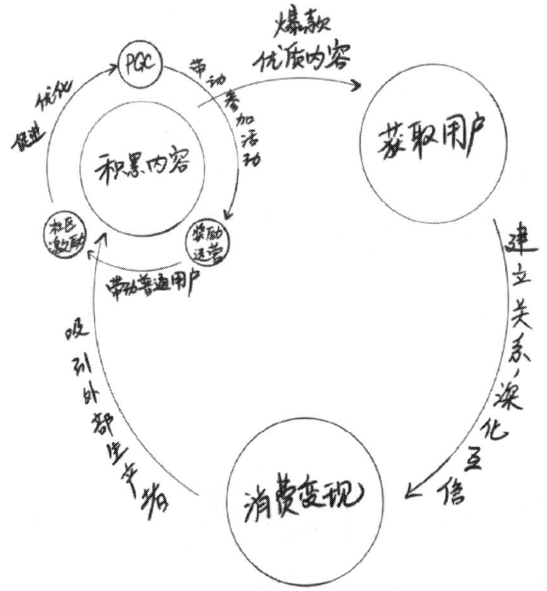

图 7-5　内容社区飞轮设计

在没有明确为用户解决什么问题的基础上，我们开始了产品设计，按照视频社区的方向，把国内外竞品都看了一遍，然后把觉得应该有的功能都设计了。在这个过程中，我们发现很多短视频平台会让用户在录制前选择变速录制的功能，如图 7-6 所示。

图 7-6 变速录制功能截图

我们当时并没有想清楚变速功能的使用场景，为了达到变速的效果，所以自以为是地做了一个“创新”的设计，把变速功能放在视频编辑的步骤中，以为这样会更容易让用户创作更多变速的作品。后来，在用户使用的过程中，我们才发现，很多用户是用录制界面的变速功能来对口型的。

除了产品侧的设计完全脱离用户，在冷启动期间的内容供给上也是完全脱离用户的。当我们提出一种内容类型时，遇到的最大的挑战就是怎么证明这个内容是用户喜欢的。我们证明的方式，现在看起来真的是“自嗨”。我们把能找到的市场分析报告都看了一遍，特别是 YouTube 的内容分析，又从整体宏观的内容类型中发现用户最喜欢搞笑、音乐、影视等内容。所以，我们确定了冷启动的内容主打搞笑。在向上汇报的时候，老板也认可了我们的想法。现在想想这是多么讽刺，我们仅仅靠着咨询公司做的几份报告，就明确了冷启动的内容。

我们在产品设计和社区内容的选择上完全脱离了真实的用户，并且在做的过程中完全从主观视角出发，从来没有想过到底是为谁解决什么问题，就凭着有大量的免费流量用户，深信一定可以利用这些用户探索出来一个社区。

7.4.2 大流量也无效

当产品上线后，我们立刻开启了大流量的探索，每天有数十万个用户涌入，可是留存率惨不忍睹。我们一开始认为是因为产品处于初期，内容调性不明或者用户不够精准，依然相信海量用户可以帮我们真正探索出有独特调性的社区。我们的累积用户从几万个到几十万个，最终到几千万个，可是社区依然没有形成，用户的留存率依然没有明显提高。

我们觉得问题出在了内容上，开始疯狂地引入其他平台的“网红”和优质内容生产者。引入工作在大规模进行着，但是效果依然不明显。到这个时候，我们依然没有意识到问题是没有从用户出发，我们连用户到底在什么场景中使用我们的内容、喜欢什么样的内容都不知道，就贸然地引入了所谓的优质内容生产者。

后来，在一段时间后，随着大量用户的进入和离开，他们给社区留下了不同的内容类型，整个社区就像一盘散沙一样，什么都有，但是什么都不太好。这个时候，随着外界竞品的迅速增长，我们面临的压力越来越大，更多用户迁移到竞品中。即使在大流量扶持下，我们的产品最终也没有成功。

现在想想，大流量就像火箭燃料，如果火箭本身的方向准确、质量过硬，那么当点燃燃料时，会加速起飞，飞得更高、更远；但是如果火箭本身就不稳定，方向也没有把握好，那么点燃燃料可能会导致快速爆炸。

增长的本质是要明确产品的核心价值，找到用户需要的场景，否则再多的投入都可能是打水漂。换个角度来看，如果流量真的可以解决一切，那么 BAT（百度、阿里巴巴、腾讯）早就“统一”互联网了，甚至不会共存。

7.5 团队和组织是一切的基石

在做用户增长的过程中，如果没有一个好的团队和良好的组织形式，那么所有的投入很可能不会收到反馈或者收到不真实的反馈。在这种情况下，所做的一切都只是浪费时间和金钱。因为所有的尝试得不到正确的反馈，就不会有指导下一步动作的可能。互联网产品在迭代和用户增长过程中需要试错。试错的本质是通过试探得到反馈，反馈可能是尝试失败或者成功。在这个过程中，反馈到底是成功还是失败其实不是最重要的，最重要的是能得到真实的反馈。如果得不到真实的反馈，就像蒙着眼走路一样，凶险无限。

7.5.1 被浪费的巨额产品运营费用

我们曾经在海外做过一款短视频社区平台，类似于国内的快手。在做这个平台的过程中，我们需要解决的第一个问题是内容的供给，即如何为用户提供可消费的内容。因此我们明确了一个目标，即快速补充优质的内容。这个目标被拆解为行动项后，主要分为两部分，一部分是运营人员通过签约视频拍客提供内容，另一部分是产品增加用户生产内容的激励制度。

在运营签约方面，运营人员找了其他平台的很多知名“网红”或者有一定粉丝量的内容生产者。这些专业生产者的入驻的确很快地产生了很多视频内容，在一定程度上完成了冷启动的内容准备。但是在这个过程中，运营的目标变成了引入更多专业生产者，于是平台入驻的生产者数量快速提升。但是有一个很重要的问题是，我们引入的生产者种类各异，似乎所有品类的生产者只要能生产短视频内容就能入驻到我们的平台。经过一段时间后，在平台上很少有签约的生产者成为平台的大粉丝主且能够在平台里维护一批用户。其实运营人员在签约拍客的时候，最重要的问题不是找到多少个生产者，而是：

- 到底应该邀约什么类型的生产者？

- 如何评判生产者是否真的符合平台的要求？

在邀请生产者之前，我们没有弄清楚这两个问题，导致批量地引入拍客，最终变成花钱引入了一批账号，但是不知道最终什么样的账号是符合要求的。

在激励用户生产内容方面，我们做了一套虚拟代币系统。当用户上传视频之后，如果视频变现不错，我们就会给予他一定的代币激励，代币可以按照一定比例兑换成现金。我们做代币的目的是用钱购买优质内容，鼓励用户自己创造内容。这种方式在国内比较常见。当我们把这个策略灰度上线了一段时间后，遇到了很多挑战，比如有很多作弊的行为，很多人用虚拟设备进行行为操作，比如播放、点赞等，从而帮助作弊视频获得更多代币奖励；除了用机器作弊，还有很多人为作弊行为，在我们的推荐算法中，视频的点击率是一个非常重要的质量指标，在代币奖励的算法中，点击行为是被奖励的因素之一，这样就导致很多用户使用一些特别吸引人误点的封面，这样的视频内容往往质量不高。

除了作弊挑战，激励机制对整个社区也造成了伤害。我们没有给社区确定内容的基础调性，这样就导致我们不知道什么样的内容是值得鼓励的。这个时候几乎全靠推荐算法解决这个问题，算法只会根据数据判断，而我们又没有很好的视频审核和标注流程，导致最后完全处于失控的状态。我们不知道到底激励了什么样的内容。最终，在社区里通过数据判断出来的视频，并不是我们想要的内容。

这两种运营方式都缺乏足够的反馈，所以导致整体处于失控的状态。我们最终花费了大量的运营费用，却没有得到预期的效果。

7.5.2 割裂的团队

一个团队一定要有共同的目标，但是我们在做这个短视频社区的过程中，产品、运营、增长团队之间都出现了非常大的割裂，最终导致各自为自己的目标服务。

我们的产品中有负责拍摄器相关功能的产品经理，而运营人员会负责整体的内容。对于拍摄器产品经理来说，他的目标就是努力提高用户使用拍摄器的比例，但是对于生产的内容到底是什么并不负责任。因此，产品经理疯狂地优化滤镜、魔法表情等，如图 7-7 所示为一种魔法表情效果。

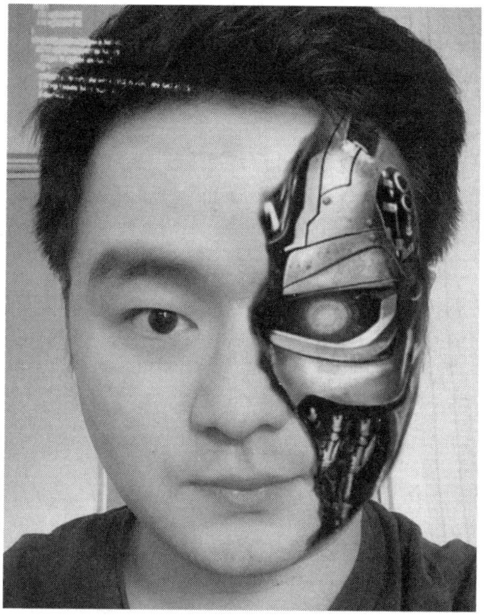

图 7-7　魔法表情特效举例

经过一段时间的优化，我们看到了效果，因为魔法表情很好玩，所以在每天上传的内容中，带有魔法表情的视频占比急剧升高，但是这种内容只能在用户好友之间传播和消费，对于平台的内容消费毫无帮助，反而增加了审核和推荐的难度。这就是产品经理和运营人员的工作割裂后导致的严重后果。产品经理追求的指标对于整体社区是没有帮助的。

我们当时对用户增长团队的定义较简单，就是单纯的付费推广买量部门。但是在与他们的合作中，也出现了很大的缝隙，用户增长团队追求的指标是更便宜地买到更多用户。为了追求这个指标，他们用了很多非常容易吸引人下载的广告素材，但是这些素材在我们平台上并没有。这就导致很多用户因为某一种内容和某一种功能下载我们的 App，但是当激活进入后，却无法在 App 内找到。这就是典型的产品无法承接广告给用户形成的预期。留存率数据可想而知。

这些团队之间割裂的行为和追求，导致整个团队看似是一个整体，实际上只为自己服务，团队之间缺乏协同，大家似乎都做得不错，但是最终无法帮助产品更好地实现用户增长。

7.5.3 机会只留给做好准备的人

在做用户增长的过程中，最好的情况是有一个爆点突然引发产品的疯狂传播。我们在做这个短视频社区的过程中，就遇到了一次这样的情况，但很遗憾的是没有把握住这个机会。

一个明星在某个电视节目中使用了我们的产品，从而引发了大量的用户转发，我们获得了大量的免费新增用户。大量用户的涌入让我们的后台产生了较大的压力，服务器连续崩溃，导致用户无法正常使用。我们的 App 与公司另一个主力 App 使用了同一个后台，但是正好主力 App 的后台重构，导致用户无法修改自己的账号信息。在注册用户中，很多人使用第三方账号注册和登录，他们希望修改自己的账号和头像信息，但在那段时间里无法完成修改。这就导致应用商店中出现了很多与此有关的投诉，而且评分狂降。最终这批新增用户随着节目热度的下降而迅速减少。遗憾的是，在这批新增用户中，因为我们没有准备好，留下来的很少。

这次的经历给了我们很大的打击，团队成员非常沮丧，感觉错过了一个千载难逢的机会。这反映出团队在没有组织好之前，战斗力是很弱的，不仅无法面对困难，即使遇到大机会，也是无法抓住的。

团队和组织形式是用户增长的一切基础，如果没有这个基础，那么其他的设想和计划无论多么完美，都会无法落地或者在落地过程中出现严重的偏差。如何组建完美的团队，是做用户增长必须解决的问题，其实不只是用户增长团队，这也是所有团队都必须解决的问题。我们发现，一个完美的团队也许不是组建起来的，而是自己成长出来的。我们必须为团队建立足够及时的沟通、反思制度，让每位团队成员都能快速地从项目的进展中找到自己的位置和应该发挥的作用，也要让团队成员之间产生合适的化学反应，最终一起成长。

7.6 奇妙的探索历程

在经历了 7.5 节中描述短视频社区的失败后，我们反思了整个项目过程中存在的问题。

首先，在产品节奏上，我们的目标是做一个短视频社区，社区的组成角色有两个，一个是内容生产者，一个是内容消费者。我们在初期未能找到精准的社区调性，就希望直接从消费和生产两端强做，希望靠钱加速社区形成的过程，但是在这个过程中，因为不知道社区到底该以什么样的内容启动，所以虽然花费了很多钱，却依然没能成功冷启动。

其次，在整个项目过程中，团队过大，且团队之间的配合出现了很多问题，未能真正形成合力，反而互为掣肘，导致项目最终失败。

因此在新项目立项时，我们优化了团队的组织，只是抽出部分人员组成了更紧密的项目团队，将用户增长人员、产品经理、运营人员都放到闭环的项目组中，让大家为同一个目标奋斗。

7.6.1 专注于内容消费

我们的新产品依然是短视频社区，与之前的社区不同的是，在冷启动阶段，我们明确的目标是优先满足消费侧。我们准备从消费侧切入，在冷启动期间专注于内容消费。从消费侧找到用户喜欢的内容后，再扩大用户喜欢的内容的生产规模，进而将生产者和消费者联系起来，最终产生互动，形成社区氛围。

在这次探索中，我们深刻地明白了之前的错误想法：依靠推荐算法解决内容冷启动。在社区冷启动时，因为用户量较少，内容消费数据也很少，用算法探索内容的方式必然要通过给予一定的探索流量，进而得到一定的结论，这个探索的过程需要分走平台一定的流量，而这样做对用户的伤害是巨大的，本质上是把用户当成小白鼠帮我们探索内容的质量。这在产品早期的时候，对产品数据的影响也是巨大的。为了解决这个问题，我们在冷启动阶段引入了内容质量审核，把一些低质量的内容用人工直接过滤掉，以保证内容推荐算法在进行新内容探索时，不会出现质量过低的视频损害用户体验。

通过审核解决内容质量问题后，还有一个问题是——如何判断用户喜欢什么样的内容？在回答这个问题之前，我们必须解决另一个问题——我们的内容到底是什么样的？也就是我们有什么样的内容、有哪些分类、有哪些主题。只有在知道了内容的类型后，我们才有可能知道用户喜欢什么类型的内容。在解决内容有什么类型的问题上，我们引入了算法和人工配合的视频标签的方法。首先，人工建立了视频的分类标签体系，最初只有十几个标签，后来扩充到几十个标签。我们将标签定义到内容的维度，比如，搞笑、音乐、才艺、情感等。在标签的定义和标注上，需要十分仔细，刚开始定义的很多内容种类是靠拍脑袋想出来的。只有持续地审核视频、观看视频，才能知道视频的内容种类，标签的设计和标注才会更匹配。

当我们完成了内容标注后，问题就回到了什么样的内容才是用户喜欢的。判断的方式非常简单，就是通过用户的实际行为判断。推荐算法对所有视频都是公正的，我们最终衡量用户是否喜欢的指标主要有：

- 视频的点击率（点击次数/曝光次数）;
- 视频的点赞率（点赞次数/播放次数）;
- 视频的分享率（分享次数/播放次数）;
- 视频的完播率（完播次数/播放次数）。

我们可以将一段时间（比如一周）被推荐过的所有视频，依照标注分类，分别了解每个分类下的视频的平均情况，进而判断在整体中哪些类型的视频是用户喜欢的、哪些是用户不喜欢的。上述的四个数据，也有一个汇总的指标，即：

- 视频的平均曝光数（视频曝光总次数/视频数）。

这是对视频质量的综合判断。如果推荐系统处于一个正确的状态，推荐系统分配给视频的最终曝光量就是最好的质量证明。

在视频质量判断的过程中极容易犯的错误是，因视频的数量小而发生误判。如果某一类型的视频数量较少，那么得到的结论可能是不可靠的；如果每个视频的基础流量（最低视频曝光次数）过低，最终的结果也是不置信的。一般来说，曝光数至少要达到300次，每个类型的视频不能少于1000个。同样，在判断过程中，可能有的类型的视频内容的供给有问题，导致质量较差，而不一定是这个分类差。这就要求在视频的供给和审核阶段保证有较高的水平。这也是在项目的整个过程中，我们一直需要去努力的。内容的供给、审核、标注、评判流程大致如图7-8所示。

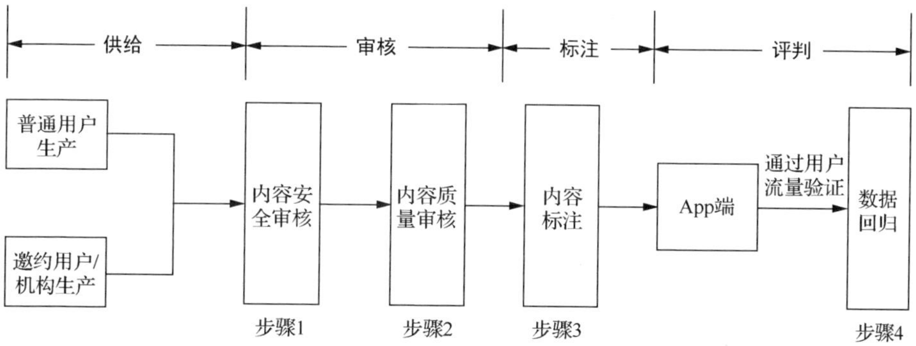

图7-8 内容供给、审核、标注、评判流程

从流程中可以看出，内容供给侧主要有普通用户生产和邀约用户/机构生产。在这里需要注意的是，我们一定要明确内容的供给类型，特别是前期需要给邀约用户/机构明确的要求，保证内容供给符合我们准备探索的内容类型。内容在进入平台后，需要经过三个处理步骤：

- 步骤1，内容安全审核。主要通过机器算法和人工过滤掉违反法律法规的内容，比如，涉黄、涉恐、血腥的视频等。这一步主要是为了保证内容的安全性。通过了内容安全审核的视频就可以出现在平台内，并进入质量审核流程。

- 步骤2，内容质量审核。质量不仅指视频的基础质量，比如分辨率、清晰度等，还包括内容自身的质量，比如，内容是否有意义、是否有较好的观看体感、是否有背景音乐、是否完整地叙述了一件事或者表达了什么观点。同时，还需要把不符合社区内容方向的内容全部过滤掉，比如，对于一个短视频社区，过长的视频或者一些专业制作的视频，都是不被允许审核通过的。通过质量审核的视频就可以进入推荐候选池，没有通过质量审核的视频就不能出现在推荐候选池里。

- 步骤 3，内容标注。内容标注就是用已有的标签给对应的视频标注，将视频结构化，便于后续推荐使用和评判视频内容质量的时候作为归因的依据。
- 步骤 4，数据回归。即通过标注后不同类型视频的实际数据表现，评判出什么类型的视频是用户喜欢的、什么时候是不受欢迎的、什么时候是消费情况较差的，进而优化视频的供给，以此保证内容的可消费性。

7.6.2 对提高用户中长期留存率的探索

在通过前面严格的内容审核和标注后，我们可以保证进入推荐候选池的内容都是较为优质的。的确，经过一段时间的积累后，推荐候选池中的视频积攒到了一定数量，同时我们控制了新用户的新视频曝光，本质上通过对老用户的内容进行选择，将其中较好的展现给每天进入社区的新增用户。

通过这些措施，我们的新增用户的次日留存率有了很明显的提升，用户的播放时长和平均播放视频数都在不错的水平，但奇怪的是，我们的新用户在 7 日之后的留存率却一直很差。我们最初判断是因为推荐候选池的优质内容还不够多，还需要积攒一段时间，中长期留存率会慢慢提高，我们只需要坚持内容的供给和精选就够了。可是过了一个多月后，我们的推荐候选池的内容达到了一个新的量级，但是用户的中长期留存率还是没有太大变化，甚至有走低的趋势。我们仔细分析了用户消费数据的变化，发现在新用户进入第三天后，内容的消费出现了大幅度的下降，不论是播放时长还是内容消费个数。因为我们是在新用户进入三天后，开始将部分比例的新视频曝光，所以我们怀疑是这些新视频曝光导致用户的消费体验下降，因此我们加强了内容的审核，并进一步降低了新视频的曝光比例，以保证新用户可以更长时间地看到优质内容。我们通过 A/B Test，针对一半新用户在 7 天内调低了新视频曝光比例，另一半仍然保持原样。但是最终的试验结果表明，两组的中长期留存率没有明显差异。这就说明并不是这个原因造成的中长期留存率较差。

在试验后，我们团队内部进行了一场讨论，提出了一个假设：可能是因为社区内的内容种类较少，用户在看了较长时间后感觉腻了。当时，我们觉得这个假设还是逻辑自洽的，特别是数据显示，我们的用户平均浏览的内容种类的确比我们提供的种类还少，说明真正消费的只有少数几个品类。因此，我们开始优化内容品类，主要从两方面进行优化：一方面是降低此前数据表现较差的品类内容数量，提高数据表现较好品类的内容供给；另一方面是引入更多新的内容品类，并在产品上做了明显的分类区分。根据 Instagram 理论，当 feed 中优质的内容种类达到 5 个以上时，用户的长期留存率就会提升。我们按照这个方向努力了一个多月，但是效果依然不显著，长期留存率的提升还是不明显。

再后来，我们还考虑是不是内容的实时性较差，而优化了内容审核的速度，保证新鲜内容可以及时出现在推荐里，但是这种改变依然没能提高中长期留存率。

在经过几个月的探索后，提高中长期留存率似乎是一道难以逾越的坎，始终挡在我们团队前进的路上。

7.6.3 来自用户的答案

当我们还在为提高中长期留存率一筹莫展时，我们在产品的商店评论中零星地看到了吐槽我们的 App 抄袭竞品、内容一样的评论。我们一开始没太注意，但是当我们打开竞品时，发现我们的产品形态和内容种类几乎与它一致，风格也非常相似。因为我们的产品正处于项目早期，但是竞品的用户量已经在市场上达到了很大的量级，品牌影响力也高得多，所以似乎可以理解，当用户无意中下载了我们的 App 后，发现里面的内容的确很不错，于是就看了起来，但是在看了一段时间后，发现大部分内容与竞品的内容相似，没有独特性，所以就走了。

在感受到这个信息后，我们决定直接向用户要答案。我们在流失用户中找了一些用户进行访谈，访谈的结果让我们非常吃惊，有一部分用户完全不记得我们的 App 名称，还有一部分用户说他们以为这只是一个低劣业余的抄袭品。从用户访谈中，我们找到了目前产品增长中最重要的问题，就是没有给用户形成独特的心智和预期。

当时，我们有两个选择：一个选择是和竞品正面竞争，使用完全同样的调性和内容类型，比拼持续的内容供给和优化能力；还有一个选择就是避开正面竞争，找到独特的差异点。其实仔细一想，只有一个选择，那就是找到自己的差异点，因为和竞品之间的力量对比悬殊，所以我们开始了差异化的道路。

首先，需要差异化的是社区的内容调性，我们想做一个氛围更好的细分垂直内容社区，保证自己可以先在市场竞争中活下来。对于内容调性的理解，起初我们觉得就是内容类型，比如搞笑、音乐、才艺等，但是后来我慢慢感觉调性应该远远不只内容类型这么简单，以搞笑为例，有的人喜欢恶搞，有的人喜欢梗，有的人喜欢冷笑话。所以，只用搞笑来划分调性太简单了，但是如果把内容类型再细分，似乎也是一条不收敛的路。那么，到底什么才是调性？

我理解的内容调性是与用户和场景相关的。调性应该是用户在什么场景下会使用的，是由用户和场景决定的。比如，你分享给你的朋友搞笑内容和分享给你的父母的，大概率就是不同的内容调性；或者，你父母看到的搞笑内容分享给你的和你愿意分享给你朋友的，大概率也是不同的内容调性。所以，最后我在判断内容调性的时候，先思考的是谁会在什么情况下对这个内容进行什么操作。如果能找到大量的人愿意做类似的事情，那么这个内容是有调性的。

我们在建立新的社区内容调性的过程中，同样受到用户的启发，有一次在用户访谈过程中，观察到一个用户在不停地通过某站点下载视频，并分享到 WhatsApp 中。后来经过访谈得知，他喜欢在晚上或者早上分享一些励志鸡汤给自己的朋友、分享一些甜蜜爱情的内容给自己的对象等。我隐隐觉得这似乎就是一种调性。但是问题又来了，如果这种调性的内容已经有平台做了，那么我们又变成同质化竞争了。在经过调研后，我们发现在 YouTube 中，有一批用户在生产类似的内容，但是这些内容都是为了分享到 WhatsApp 中，所以视频时长普遍偏短，这不符合 YouTube 对视频的推荐要求，导致很多视频制作者并不能在 YouTube 中得到很好的报酬。同样，对于消费者来说，如何在 YouTube 中找到这样的内容也是一个很复杂的问题。同时，YouTube 不支持直接对视频进行下载和分享。

在看到这个机会后，我们首先引入了这种类型的内容，在内容探索的流程中，发现这个类型的内容的消费数据非常好，远远高于大盘均值。因此，我们继续扩大这个类型的内容供给，后来在每天消费的内容中，这种类型的内容占比越来越高，整体数据的水平也跟着慢慢上升。最后，我们直接以这种类型的内容作为产品内的主要内容类型，并且同步修改了商店描述和广告素材。在修改后，新用户的次日留存率、中长期留存率都得到了非常明显的提高。

7.6.4 实现内容消费和生产的闭环

在找到了独特的内容调性后，随着积累的内容越来越多，消费侧的数据都有了明显的提升，同时整体的用户留存率也达到了较为理想的水平。这个时候作为短视频社区，我们面临的问题就是如何保证内容自供给，前期的内容供给主要靠邀约用户。这些都是我们付费生产的内容，这不是一个健康的状况，对于一个社区来说，最终必然需要实现内容的自生产和自消费。因此，我们的目标变成了降低邀请生产内容在消费中的占比，激励更多用户自发生产内容。

在找到用户喜欢消费的内容后，自然会有很多生产者因为这里的流量自发生产，这只是一个时间问题，我们要做的就是加速这个过程，更快地从用户中筛选出符合要求的生产者。具体的做法有以下几个方面。

1. 树立严格的内容标准

我们发现很多用户会非常自然地上传一些无意义的视频，比如对着地面随意拍摄，或者自拍一些无声画面。我们把这些内容统称为无意义内容，对于这些无意义又干扰社区调性的内容，我们在审核阶段严格把控，让用户明白上传这样的内容是不被社区接受的。同时，系统推荐的内容一定是调性内容的代表，让用户从推荐中明确知道什么样的内容是会被系统推荐的。这样，用户后来上传的符合要求的内容比例逐渐升高。

2. 优化生产工具

对于社区生产供给的设计和优化，我们的原则是只服务我们想要的内容类型，而不做刻意的创新。比如，在我们的社区中，情感类的内容、精美音乐、文字和图片素材会非常重要，因此我们提供了很多抒情音乐、字幕编辑功能、图片素材库等，极大地方便了用户生产符合要求的内容。另外，很多用户会在自己手机里存储很多收到的内容，于是我们就鼓励用户把自己手机中的内容上传到 App 内。

3. 话题和用户运营

有的时候，用户不知道自己应该上传什么样的内容，我们会通过话题活动的方式告诉用户应该上传什么类型的内容。活动设计比较简单，重点是如何确定活动的主题。我们还是依照内容数据评判系统，如果发现某种内容是用户喜欢的，但是目前 App 内储量较少，就会以话题的形式鼓励用户上传类似的内容。同时，还有对活跃上传用户的运营，我们针对这批用户进行专门的群管理，为他们提供必要的帮助，让他们参与产品的设计。这批用户是核心用户，会极大地增加话题的热度，会积极地给产品设计带来新的思路。

通过以上的方式，在一段时间后，普通用户上传视频的比例和质量都慢慢地提高。在整体的消费中，普通用户生产的视频占比越来越高，最终超过了 90%。我们认为这是一个比较健康的状态，基本达到了用户自己生产、自己消费。邀约作者这时只是起到了一些榜样的作用。后来，在用户中涌现出了很多特殊的创作者，粉丝数和影响力都超过了我们邀请的生产者。整个社区的氛围开始形成，很多用户除了消费，也开始更多地参与到社区的互动中，社区的整体数据有了更大的提升。随着用户获取的投入加大，社区的用户增长节节攀升。

第8章

从用户增长到自我增长

8.1 什么是用户增长产品经理

在前面的章节中，我们详细地分析了如何做用户增长，以及如何组建和管理用户增长团队。其实在整个用户增长团队中，有一个角色非常重要，就是用户增长产品经理。他是整个增长过程的把控者，是整个团队的信息交会中心，也是驱动整个团队的力量。在一个增长团队中，用户增长产品经理和其他成员的关系大概如图 8-1 所示。

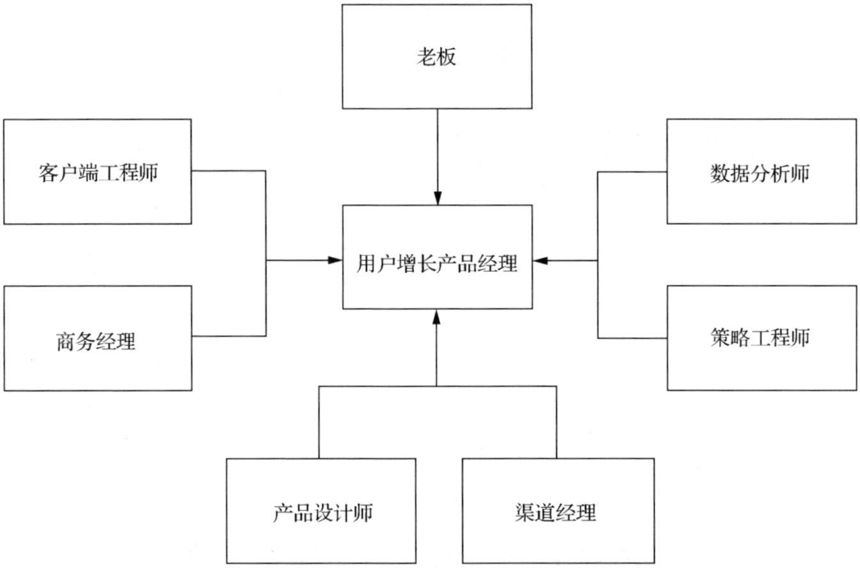

图 8-1 用户增长产品经理和团队的关系

从图 8-1 中可以知道，用户增长产品经理是一个团队的信息中心，像一个团队的黏合剂，把其他成员聚成一个团队，所有信息都会经过用户增长产品经理传递到其他角色。增长项目方向，是用户增长产品经理和老板讨论制定的，然后被规划成多个版本的迭代。在迭代过程中，用户增长产品经理需要跟进产品设计师的设计和工程师的开发。在项目上线后，用户增长产品经理需要驱动商务经理、渠道经理进行推广投放或者外部换量等，再依靠数据分析师分析每一次迭代的效果。在具体的产品增长策略上，还需要配合策略工程师进行策略试验的上线和数据回收。

国外很多公司推崇的增长黑客其实就类似于用户增长产品经理，在国内更通用的称呼是“产品经理（用户增长方向）”“用户增长经理”“用户运营（用户增长方向）”等。从一般意义上说，用户增长产品经理可以由团队中的工程师、数据分析师等担任。

在国外，很多时候用户增长产品经理由开发工程师或者算法工程师的领导兼任。

在国内，产品经理岗位最近几年快速兴起，已经成了互联网项目团队必需的配置，大到业务，小到产品功能，都需要专门的产品经理来梳理和维护迭代。很多用户增长的工作由产品经理承担。因此，目前国内的用户增长产品经理或者增长黑客，更多来自产品经理。我们甚至可以将用户增长产品经理定义为产品经理的分支，而一个通常意义上的优秀产品经理也必须懂得如何做用户增长。

传统意义上的产品经理，特别是近些年的一些传统互联网产品经理的技能更多是在产品功能层面的设计，不依靠数据、不依靠试验，完全靠所谓的“产品经理的直觉”去做一些判断。而用户增长产品经理是从这种传统产品经理演变而来的，更多的是依赖完整的用户增长方法论，不局限于产品功能设计，更多涉及产品运营、用户获取等其他领域，真正地为一个业务的增长负责。

除了产品经理，运营人员也是如此。在很多项目上线后，运营人员一直在为拉新和促活努力，他们的工作也是用户增长的重要组成部分。因此，运营人员或者运营经理也是用户增长产品经理的重要候选人，一个好的运营人员必须懂得如何做用户增长。

其他很多岗位，比如工程师（特别是算法工程师）、渠道经理都是用户增长产品经理的潜在候选人，都可以尝试做用户增长。做用户增长也是此类人群职业生涯中的重要能力。似乎所有的项目成员都能成为用户增长产品经理，但是用户增长产品经理却有自己独特的素质模型和能力要求。

8.1.1 人人都是产品经理吗

一名优秀的用户增长产品经理应该具备什么素质和能力呢？我们可以从距离他最近的产品经理身上找到一些共同点。

前面提到，用户增长产品经理是产品经理的一个分类，从某种意义上来说，我认为，用户增长产品经理是进阶版的产品经理。因此，我们从产品经理的角度来分析，如何成为一名优秀的用户增长产品经理，或者产品经理应该如何“自我增长”，变成擅长做用户增长的产品经理。

产品经理是最近 10 年互联网行业中比较热门的岗位。我们可以先看看产品经理的一些必备素质，俞军总结的产品经理的核心素质为逻辑、产品心、产品同理心、产品经理的基础。

1. 逻辑

逻辑可以分为以下四个方面：

- 理科逻辑，就是对事实的辨识能力，具备基本的逻辑因果关系。
- 深度思考，就是能够思考事物的本质，对经历过或者没经历过的事情总能找到逻辑上的共通点，看得更透。
- 视野，一是见多识广，二是思维的开放性，三是思维的发散性。能更容易地从不同的角度去想问题，增加成功率。
- 批判精神，既否定别人，又否定自己。否定别人就是敢提出否定性意见，这样才能更容易地把一个想法、一个决策千锤百炼，提高它的准确率。只有自我否定，才能自我迭代。

2. 产品心

产品心就是指真的非常喜欢做产品经理，在碰到问题后会优先用产品经理的方式解决问题，即真正地创造用户价值，类似于匠心，想做好这个产品。

3. 产品同理心

产品同理心，也很容易解释，就是能够站在别人的角度去思考，并准确地察觉和判断别人的体验和感受。

4. 产品经理的基础

首先是用户思维，这是产品经理的第一关键词。其次是在满足用户的某个需求时，你的替代品和被替代品是什么？如何细分用户？这些不同的用户各自的满足程度是什么样的？他们不满意的是哪个环节？能不能改？为了这些细分需求，你怎么找新用户？怎么改善这些痛点？你对待用户有多及时？这些其实都要落到实处，基于这些用户过去做了什么，怎么一代代升级？然后做出自己的每个判断——准确地找到哪个是错误的，之后又怎么运用新的认知去做新的用户探索和产品变更？

除了业界“大牛”的总结，我们也可以从产品经理的招聘描述中，找到一些素质要求。一些大型的互联网公司应届毕业生招聘岗位描述如表 8-1 所示。

表 8-1 互联网公司应届毕业生招聘岗位描述

公司	岗位	岗位要求
腾讯	产品经理培训生	怀揣着互联网产品梦想； 敏锐的洞察和思维能力； 优秀的逻辑思维和系统分析能力、创造力和商业敏感度
阿里巴巴	用户型产品经理	热爱生活，相信用自己的力量可以改变世界； 简单、阳光、乐观、积极向上； 具有好奇和探寻精神，热衷挑战，追求极致
百度	产品经理	热爱互联网，对互联网市场的敏感度高； 对用户需求有正确的理解和判断； 注重细节，具备针对用户需求设计出优秀产品的潜质； 拥有良好的沟通和协作能力，思维活跃，领悟力强，乐于接受新鲜事物
字节跳动	视频用户产品经理	超强的项目推动能力，突出的逻辑思维能力及沟通能力，能快速领悟要点； 重度“App 控”，对产品尤其是视频类产品有自己独特的思考和见解； 对数据敏感，有良好的数据分析能力和意识； 有极强的学习能力，能快速拓展自己的知识范围； 良好的沟通协调能力、团队意识以及执行能力

续表

公司	岗位	岗位要求
美团点评	产品助理	对互联网改变本地生活充满热情、充满激情； 有强烈的好奇心和进取心、突出的学习精神和能力； 优秀的逻辑思维与系统分析能力，对数据和数据的意义很敏感； 能解决复杂问题，关注细节和落地，而不是停留在想和说上； 熟悉互联网产品和技术的主流发展动态，有设计或运营互联网产品经验或能证明你在这个方面的潜力

从上述岗位要求中，我们可以总结出目前主流互联网公司对产品经理岗位的素质要求（如图 8-2 所示）。

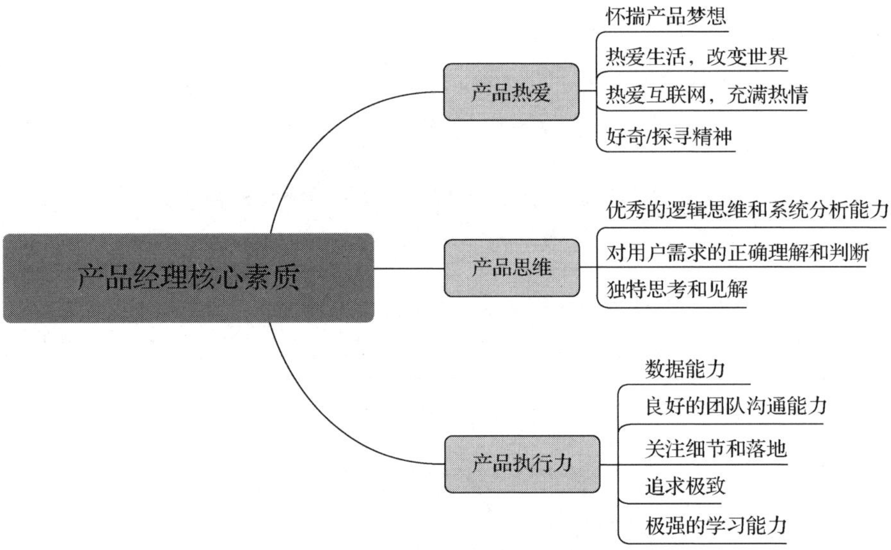

图 8-2　产品经理核心素质

产品热爱，这是成为产品经理的基础。如果你喜欢这个行业而不喜欢这个岗位，那么坚持做这份工作还是挺难的。说到热爱，很多人会觉得很虚，每个人平时都会上网，都会用一些互联网产品，这是不是热爱？“热爱”这个词的确很虚，但是本质上体现热爱的方式一点都不虚，字节跳动的岗位描述里就列出了重度“App 控”，这其实就是热爱互联网的一种表现。举几个例子，如果你热爱产品？那么是否应该有一些如数家珍的产品？是否对功能的设计有着自己的看法？是否琢磨过一些成功的产品模式？是否自己尝试过设计产品？

很多时候，我们在面试产品经理时，他们会谈到十分热爱产品经理这一岗位，但是从简历中却无法看出任何热爱，甚至连产品经理是做什么的还停留在幻想的阶段。

从岗位描述中，我们可以把产品思维分成逻辑思维和系统分析两部分。逻辑思维就是“讲道理”，任何结论都需要一个严谨的推理过程，不要说“我觉得 / 感觉”“似乎有点奇怪”。你的观点可以来自你的感觉，但如果你想提出来，就必须经过一定的证据推理。虽然结论可能是错的，但是推理和逻辑必须是对的。对于系统分析，我们可以举例如下，如果让你设计一个 ATM（自动柜员机）系统，你会怎么设计？对于这个问题，我在做面试官的时候问过一些应届生和入行不久的产品新人，得到的答案往往是怎么设计人机交互、怎么设计按钮、怎么设计输入等。这些答案把产品设计拘泥于一个点，而没有系统地看。其实我们更应该想到的是 ATM 应该放在什么位置、每天应该存入多少钱、和全市其他地方的网点间的关系是什么样的。最后，我们可能发现这里根本就不需要设立一个 ATM。

产品执行力（也叫产品落地能力）是很多产品经理入行后首先需要具备的能力。产品经理要保证一个产品需求完整不变形地落地执行，最终完成上线。在执行的过程中，产品经理需要和其他人沟通，进行资源协调、功能的测试回查、上线后的数据分析等。执行在本质上没有难易之分，主要看你是否认真。如果没有执行力，产品热爱和产品思维就没有什么用。

8.1.2 从产品经理到用户增长产品经理

用户增长产品经理是产品经理的进阶，那么，用户增长产品经理和普通产品经理的区别有哪些呢？

用户增长产品经理需要具备的素质在本质上和产品经理差不多，也是前一节中所总结的素质模型：

- 产品热爱；
- 产品思维；
- 产品执行力。

唯一不同的是，产品思维需要变成增长思维。增长思维是包含了产品思维的。产品思维的着眼点在产品本身，本质上只是增长的一个环节，通过前面章节的分析，我们知道了影响用户增长的除了产品，还有很多其他因素，比如市场环境、用户获取渠道、产品所处阶段等。当我们在思考一个产品或者功能的用户使用场景时，不再简单地考虑用户在什么时候使用、如何使用、我们提供什么价值，还必须考虑用户在什么地方、应该如何触达用户、应该如何维护和留存用户。一些公司招聘增长岗位的描述如表 8-2 所示。

表 8-2　岗位描述

招聘岗位	工作职责	工作要求
QQ 用户增长经理	1. 负责制定 QQ 的用户增长策略，胜任产品功能策划、数据分析等工作，协调各方面资源推进并快速推进试验落地； 2. 了解社交产品用户生命周期，通过细分用户状态不断完善、活跃转化路径，提升产品关键核心指标； 3. 建设社交用户拉动、流失用户召回等数据模型，拉升 QQ 内各种增长渠道效率，挖掘新的增长途径	1. 3 年以上工作经验，对社交产品有一定理解，具备用户增长方面的经验沉淀，独立制定过行之有效的增长策略，对国内外互联网产品的增长方法论有了解和追踪； 2. 具备数据分析经验，对数据敏感，可以通过数据发现并解决问题； 3. 沟通能力好，可以协调全链路各环节资源共同达成业务目标
字节跳动用户增长运营	1. 负责制定社群用户/公众号的增长策略，对增长目标负责； 2. 熟练通过社群裂变、用户运营裂变、公众号裂变、活动裂变等多种方式实现用户增长； 3. 负责监控全业务流程的数据情况，独立规划 A/B Test，找到规模化和 CPA 结合最优的点； 4. 负责增长用户的画像分析，对粉丝质量和产出质量能把控	1. 2 年以上相关经验，本科及研究生以上学历； 2. 抗压能力强，数据意识强者优先； 3. 有规模化增长经验，对投入产出分析经验丰富者优先

从描述中可以看到，增长相关岗位需要更多其他领域（如运营、投放、渠道等）的能力。

除了思维方式的区别，用户增长产品经理和产品经理的日常工作也不同，不再是仅仅优化产品层面的功能。举个例子，我们在设计视频社区类产品时，要提高用户的内容消费体验。在解决这个问题时，传统的产品经理只会优化视频界面的样式，为用户提供封面制作工具，或者优化视频播放的缓冲速度等。这是传统的产品经理的思考和工作，但是作为一个用户增长产品经理，应该抓住视频消费链条中的本质——优质的内容。所以，提供更优质的内容是最重要的事情，内容消费体验是次要的。比如，我们其实不太在意用什么播放器播放一部好莱坞大片，只要是优质的内容，用户都会喜欢。解决这个问题的主要路径已经不是产品本身了，更重要的是内容供给。看起来这是内容运营的工作，但是作为用户增长产品经理，必须做内容运营的事，如何扩大供给、如何保证内容优质是内容运营和审核人员的工作，但是如果这些工作影响用户增长，那么这些也是用户增长产品经理必须想办法做和优化的。

因此，我更倾向于从解决问题的角度来定义用户增长产品经理。我曾经在一本书中看到作者对产品经理的定义，我觉得这个定义同样适用于用户增长产品经理：

“A PM is responsible for making sure that a team ships a great product.”

从这个定义中，我们可以提炼出一个词“成事”。用户增长产品经理的工作目的是成事，是把事情做好，即“Get Things Done”。因此在这个过程中，用户增长产品经理有义务去解决遇到的所有问题，除了基础的需求分析、功能设计、项目跟进之外，还有很多事情需要去协调、去解决，所有对产品有益的事，都应该去做。换一个角度考虑，你可以理解成其他人在帮你分担任务，程序员替你分担编程任务，设计师帮你分担界面设计任务，测试工程师替你分担具体的测试任务，运营人员帮你分担运营任务。你要记住，别人替你分担了任务，你才是兜底的那个人。

看到这里，我相信这可能与很多人脑海中想象的“未来 CEO”“产品之神——乔布斯”等相差甚远，但是用户增长产品经理这个岗位最大的价值和魅力就在于此，你要靠自己的能力，带领大家一起“成事”，实现对用户的价值，成就产品，成就自己。

8.2 如何成为用户增长产品经理

目前国内外很多公司在招聘用户增长产品经理，那么如何成为一个用户增长产品经理呢？

8.2.1 第一个问题：你适合做吗

每当我们想着成为什么之前，在脑海里浮现的第一个问题就是：我适合做吗？如何判断自己是否适合从事产品经理甚至用户增长产品经理工作？我认为可以通过以下几个自测题得到答案。

- 说出自己在日常使用手机 App 过程中，感觉体验不好的点有哪些。
- 在生活中是否发现有什么人的需求是没有被满足的，自己是否尝试满足过？
- 是否仔细分析过某个产品或某个业务？
- 在生活中，是否总是新鲜事物的尝鲜者？
- 有没有做过一些影响其他人的事情？
- 是否阅读过很多与产品和增长相关的书籍、资讯等？
- 如果你喜欢一个女孩/男孩，而那个女孩/男孩并不很喜欢你，并且你的父母和朋友非常反对，你会继续追求那个女孩/男孩吗？

对于以上的大部分问题，如果你都能快速地给出答案，或者给出肯定的答案，那么你应该是适合做产品经理工作的；如果相反，那么你极有可能只是喜欢这个岗位或者称号而已，并非喜欢产品经理本身的工作。其实说到底，最本质的就是证明你真的适合，怎么证明呢？去做，去尝试，去实践。

8.2.2 如何提高自己

当你觉得自己真的很喜欢这个岗位时，那么首先需要找到自己目前和这个岗位的差距。

我们应该如何培养和提高所需要的素质呢？下面介绍我自己和一些优秀同事的经验。

1. 真正热爱产品

如果你只是在面试过程中不停地说自己热爱产品，哪怕流出了热爱的眼泪，那么面试官依然是不会相信你的。面试官需要的是你给出自己真的热爱的证据。面试官的逻辑其实是："如果你热爱一样东西，那么你一定会为此付出些什么，或者做些什么。"

每个人最初热爱产品的方式可能都不一样，就像每个人爱一个人的方式都是不一样的。有的人因为喜欢产品，自学写代码，做出了一个不错的网站；有的人因为喜欢产品，自己把 App Store 排行榜 TOP 100 的 App 全都研究了一遍。下面我列举一些行为，如果你不知道自己到底是不是真的热爱产品，那么可以从里面选择一些去做，如果你能完成，并且在完成后还有点上瘾的感觉，那么你应该是爱上产品了。

- 练习 1：产品分析报告。

  对目前业内比较优秀的产品进行分析，总结产品的目标用户群体、具体用户需求和使用场景、功能设计拆解、目前存在的问题、后续的迭代方向等。这是我以前经常做的一个练习，通过这个分析，你可以假想自己马上就要去接手这个产品了，要了解产品目前的现状，然后尝试给出自己的建议。这个练习可以很好地培养系统分析的能力，能让你对这个行业和目前产品所处的位置有比较深入的了解。我建议分析各个类型的头部产品。

- 练习 2：mini 产品创业。

  mini 产品创业就是通过调研和观察，真正地发现一些用户存在的问题和需求，然后尝试解决，向他们提供服务。哪怕用户群很小，只是你身边的人甚至就是你自己，你也可以尝试。我在上大学的时候，经常记不住讲座的时间和教室，后来运营了一个公众号推送一些讲座信息，吸引了周围同学的关注。这验证了这个需求的存在。我最近为了验证一些女性情感向内容的效果，尝试在小红书上发布一些内容，目前账号拥有几万个粉丝，内容调性被验证是可行的。通过 mini 产品创业，你可以对用户和需求有真实的认识，真正明白用户是谁、他们的需求是什么、怎么解决他们的需求。

- 练习 3：产品功能设计总结。

  之前纯银在自己的文章里特别推崇这种训练方法，目前的业内产品，特别是移动端的 App，可以分成很多细化的功能，比如登录注册模块、信息展示模块、互动模块等。我们可以尝试总结这些常见模块的具体案例，归纳出设计的方法和交互方式，这有点像练字时的临摹。然后，把一些常见的交互方式通过原型工具实现一遍。

- 练习 4：用户增长分析。

  我们需要重点研究优秀产品的用户增长策略，分析和总结业内比较优秀的用户增长产品的增长策略，弄清楚它们的增长源头和起因。我们要从用户增长的全链条维度进行分析，比如从什么渠道获取用户、在获取用户后如何做短期留存、如何做用户召回等。

2. 如何锻炼产品思维和增长思维

上文所提的练习方式也能锻炼产品思维和增长思维。除了上述的练习，阅读也是一个非常重要的方式。

我认为锻炼产品思维比较好的方法是阅读与经济学、心理学和政治学相关的书籍。经济学和心理学都总结了用户行为背后的原因，而这正是产品设计时所需要参考和依照的，违背了经济学规律的产品肯定是走不远的，行为经济学可以更好地解释和预测用户的行为。政治学的知识（特别是一些政策的制定和执行）与一些产品的机制和功能是类似的，并且都是针对一部分用户，有很多想法是共通的，比如很多地方搞的招商政策、鼓励工业生产的政策，与很多 UGC 社区引入“大 V”和鼓励用户生产作品的激励是类似的。

3. 如何提高执行力

执行力的提高最本质的是态度，如果你认真做了，那么很少会有执行的问题能够难住你。在认真的前提下，我总结了在执行中会遇到的一些问题。

- 沟通问题，很多人会觉得自己比较内向，不太善于沟通。其实沟通能力与很多人理解的“能说会道”“舌战群儒”是不太一样的。沟通的本质是解决问题。所以，在工作中，对于沟通，我们需要注意以下几点：首先，在沟通前一定要想好沟通的目的，要想到通过这次沟通得到大概什么样的结果；其次，在沟通后一定要有结论，必须可以指导下一步的行动，达到沟通的目的。在沟通的过程中，我们一定要理解“**事在人前**”，特别是在一些气氛不好的沟通场景中，比如，在同事怼你、老板批评你时，一定不要把自己的情绪放到事情前面，最终的目的还是要完成工作。

- 执行回查，在执行的过程中，我们一定要注意回查，回查目前的项目进度、回查上下游同事的进度、回查完成的情况、回查上线后的重要用户使用路径。特别是当你开始带着一个小团队的时候，你需要回查每个人的工作，回查一些关键节点，以保证产品正常上线，并且不会出现大的问题。

- 及时补位，当你发现合作的同事在某些方面有所欠缺的时候，需要及时补位。张泉灵举过一个例子：一流的化妆师在化妆前会去现场看灯光，会问导演节目的整体风格，然后才化妆；二流的化妆师会给你带各种保护你衣服的围裙，甚至提前给你敷面膜；三流的化妆师就化妆，可能技法还不错。总结一下，一流的工作是了解上下游的工作流程，并且关注产品最后的效果，而不是自己流程结束的效果；二流的工作至少关注与自己工作相关的用户体验；三流的工作就是自扫门前雪，只是扫了而已。

除了上述的训练方法之外，我觉得还要在生活中多多琢磨，很多时候生活中的问题都是对于产品能力的锻炼。很多人在毕业后有租房的经历，特别是与同学或者朋友一起合租，那么如何确定每个房间的房租呢？我在当时与朋友合租的时候，也遇到了这个问题，我们琢磨出一套有意思的方法来解决，这个解决问题的过程本质也是产品策略的设计。

我们的房子一共有三个房间，房租的总价是 3500 元。三个房间按照大小分为大房间、中房间、小房间。我们三个人对房子都特别满意，但是都想住大房间。因此问题是如何合理地分配这三个房间。

我们本着不想让任何人受委屈的前提，设计了一种竞价方式。规则如下：

每个人分别对三个房间进行出价（精确到个位数），总数等于房租总价，然后每个人写出对不同房间的出价。每个人的心中都会有一个房间的合适价格，这样每个房间的价值和对应的价格也是自己认可的。将每个人给出的价格放在一起进行比价，依次比较三个人对三个房间的出价，对某个房间出价高者得到那个房间。比如，我分别出价 1500、1100、900 元，朋友 A 出价 1600、1100、800 元，朋友 B 出价 1550、1150、800 元。这样，从大房间到小房间进行比较，大房间属于出价 1600 元的朋友 A，中房间属于出价 1150 元的朋友 B，而我自然以 900 元获得小房间。

通过这种方式，我们得到的房租总价一定大于或等于 3500 元。比如，在上述例子中，最后的房租总价是 1600+1150+900=3650，超出 150 元，把 150 元三等分，然后从每个人的出价中减去。所以，每个人最后交的房租分别是 1550 元、1110 元、850 元。

上述方法可以在策略上保证每个人对不同的房间都有一个自己的估价。如果没有竞到，那么一定是因为自己的价格出低了，对结果是可以接受的；如果自己竞到了，那么符合自己的心理预期价位，也是可以接受的。这种竞价的方式可以较合理地分配一些具有稀缺性的资源（譬如此问题中的大房间）。最后，我们的房间分配在实行这种方法后得到了完美的解决，虽然这种方式还有一些小问题，比如出价相同时如何处理，但是大家都对最后结果比较满意，每个人都以预期的价格住着相对应的房间。

后来，当我在做与广告相关的产品时，才知道这个方法的本质就是拍卖，并且属于密封拍卖中的第一价格拍卖。

拍卖大致分为**公开**（open）和**密封**（sealed）两大类，它们各自又有若干种不同的方式。

公开拍卖的常见方式有以下两种：

一是增价拍卖（ascending price auction），这种方式从最低价格开始加价，买家如果不想出更高的价格就退出竞拍，直到只有一个买家剩下，拍卖结束；

二是降价拍卖（descending price auction），与增价拍卖相反，从高价起拍开始，价格不断下降，直到有一个买家愿意购买为止。

密封拍卖是指，买家将愿意支付的价格提交给卖家，一旦提交就不能更改，最后卖家从所有提交价格的买家中，宣布价格最高者得到拍卖物。对于密封拍卖的成交价格确定分为以下两种情况。

一是第一价格拍卖（first-price auction），即获胜买家支付自己的出价金额——最高的出价金额。

二是第二价格拍卖（second-price auction），获胜买家支付拍卖中出价第二高的金额，即获胜者的出价金额最高，但并不支付该金额，而是支付仅次于他的第二高的金额。

在上述拍卖方式中，我们对增价拍卖、降价拍卖、第一价格拍卖都可以很直观地理解，但是对第二价格拍卖的理解不太直观。目前的互联网广告（百度的广告和 Google 的广告竞价）都采用第二价格拍卖。对于密封拍卖，每个买家都会有一个心理评估价。对于第一价格拍卖，拍卖过程非常简单，但是买家的决策过程会十分复杂，买家既想在拍卖中获胜，又希望支付较低的价格，但是同时又有其他参与者，如果出价低于其他人就会输，出价还不能超过心理评估价。所有参与者都会面临这种情况，大家都会预测别人的出价，但这种预测往往不准确。这就会出现很多意想不到的结果。举个例子，对于一件拍卖品，我的心理评估价是 100 元，但是我猜测其他对手最多出价 70 元，那么我就会出价 71 元，但最终的结果是有人出了 80 元。这个结果不仅对我来说是遗憾的，对拍卖方也是遗憾的，因为本来可以拍卖到更高的价格（我的评估价格是 100 元）。

第二价格拍卖又如何呢？对于上面这个例子，无论如何我都会出价 100 元，因为不论对方出价是 70 元还是 80 元，我所支付的都低于 100 元。在第二价格拍卖中，每个买家按照自己的评估价出价是最优的策略，因为如果出价低于评估价，那么失败的可能性会增加，并且如果获胜，那么所支付的价格不会变少；如果出价高于评估价，那么会增加获胜的概率，但此时要支付的金额可能会高于自己的评估价，这是一种损失。这说明第二价格拍卖，满足防策略性。

正是因为这种防策略性，在第二价格拍卖中，买家只需评估好自己的出价就好，不需要预测对手的出价，决策成本为零，并且完全没有投机性。因为没有投机性，所以长期拍卖的从业者可以期待收益稳定化。互联网广告的拍卖采用第二价格拍卖方式，也可以实现收益的稳定。

上面从解决租房问题衍生出来的思考，应该是用户增长产品经理需要经常保持的，我们需要不停地从生活中汲取思考的动力和诱因。

8.2.3 面试技巧

如果前面的能力提升做得足够好，那么在面试阶段只要正常发挥就可以了。但是产品经理的面试还是有一定特殊性的，不像研发岗位可以在现场用代码说服面试官。产品经理的面试，特别是应届生的面试更多地还是靠聊天，会有一些所谓的“软技巧”，但是这些都是在充分准备的基础上锦上添花的。

当你参与面试的时候，首先应该知道面试官常用的面试方法，也就是面试官是如何面试你的。面试官在面试的时候，常用的面试方法有如下两个。

一是行为面试法，通过过去的行为预测未来的行为。

面试官会根据你之前的一些行为表现预测你未来的表现，以此判断你是否能胜任这个岗位。因此在描述过去经历的时候，一定要重点突出那些可以体现你部分能力的点。

同时，面试官还会根据 STAR 原则，评判你的描述。

二是STAR原则：Situation，Task，Action，Result。

因此，我们在叙述过去经历的时候，特别是具体的事情时，一定要包含以下几点：什么样的背景或者情况（Situation），具体的任务或者问题是什么（Task），采取了什么样的行动措施（Action），最终得到了什么样的结果（Result），是否符合预期。

除了上述的注意事项，你还可以带着自己的作品，特别是对于应届生来说，当你没有太多项目可以展示自己时，带着自己的一些作品，比如你做过的“产品分析报告”、你研究过的交互文档，向面试官展示你的热爱和努力，一定会得到加分。

因为用户增长产品经理岗位和其他产品经理岗位有很多不同点，所以用户增长产品经理在面试描述过往的项目时，还需要注意以下几个方面。

1. 目标驱动

用户增长是强目标导向的，普通产品经理可能会做一些改善用户体验的优化功能，但是这不是用户增长产品经理去想的，用户增长产品经理在做一次迭代或者优化时，目标一定是提高用户的留存率，或者开拓新增用户数。用户增长的工作一定是目标驱动的。除了目标明确，目标的数据指标也非常明确。因此，在面试中，用户增长产品经理在叙述自己过往的经历时，首先要明确目标。如果此前未做过实际的用户增长，那么必须用用户增长的思维复盘此前的工作。

2. 强逻辑性

在项目经历或者一些想法的描述过程中，一定要突出逻辑性。我们一般无法保证每次调整增长策略对产品功能上线都能起到正向的效果，但是每一次的调整、改动一定要有足够的背后逻辑支持，要能够说清楚，在什么样的背景下，遇到什么问题。通过采用可能的方式，是能够解决问题的，即便最终实际的效果不好，至少在此前的“脑海推演”中逻辑是自洽的。这样在事后复盘时，也能知道到底是哪一步条件错了，或者假设错了。如果没有这种逻辑性，即便一个策略成功了，也是一种随机的事件，完全没法去复制。

3. 强好奇心

大部分的岗位都需要候选人有很强的好奇心，用户增长产品经理这个岗位更加如此。在这个日新月异的环境下，你必须足够好奇，从各种新奇的事物中得到一些对于增长的启发。当你做用户增长的时候，你会发现一些新的增长技巧会迅速被所有竞争对手模仿，如果你跑得不够快，就可能会一直在模仿别人的路上。模仿有时候是一种好的策略，比如在领先的时候，但是在追赶竞争对手的时候，模仿可不是我们希望的。我们要能找到更新颖的试验策略，才有可能超过对手。因此，在面试过程中，我们也需要向面试官传达自己的好奇心。比如，在描述一些项目经历的时候，如果有一些想法是因为自己好奇其他领域的事物而得来的，一定要在面试过中阐述出来。

4. 极强的抗压能力

用户增长的岗位几乎每天都在做一些特别关键的决策，直接影响到日活、留存、新增。所以每一个决策都非常关键，当一些决策不是很正确，或者没有起到应有的结果时，所感受的压力是巨大的。选择了用户增长这个岗位，几乎告别了休息日，每一天你都需要关注数据，时刻去琢磨到底可以从哪些方面去优化产品。不仅如此，团队的其他成员，比如工程师、设计师，很多时候都需要你的输出作为他们工作的依据。这就造成了你掌控资源的局面。如何更有效地使用这些资源而不至于出现资源的浪费也是一个非常大的压力。所以在面试的时候，一定要向面试官表现出你的抗压能力。描述此前一些决策失误后的补救经历，以及如何“呕心沥血”地完成一个功能迭代、策略优化的过程，能够很好地展现抗压的能力。

上面总结了一些面试技巧，但是总的来说，面试没有太多技巧可言，还是得靠更扎实的积累。不然即使侥幸通过技巧“骗”过面试官，在入职后发现自己根本不喜欢、不适合这份工作会更加痛苦。这里有一个真实的经历。我有一个做开发的同事，此前一直觉得做用户增长特别有趣，就转岗做了一段时间的用户增长产品经理，但是在一段时间后，他自己坦言道：“每天都睡不太好，总担心自己的策略或者设计有什么问题，特别是几个试验后没有明显效果，又似乎找不到更好的迭代方向的时候，经常睡不着觉。”如果不能在这个过程中找到一种“享受”的状态，这种压力会很快把你压垮的。

说这些，并不是为了吓唬人或者说明这个岗位多么的艰难，每一个岗位都会有不同的压力，所以，在找工作时，一定要想清楚是否真的喜欢。这个问题可能一时无法回答，也不用着急，先做着，在做的过程中去寻找，但是必须有答案。一个人最幸运的无非就是在很早的时候找到了自己一辈子愿意为之付出的工作。

我从毕业到现在一直做产品，从没有想过换个行业或者岗位。我越来越觉得自己当时选对了，也越来越喜欢这份工作。随着工作年限的变长，感受到的压力也在逐渐变化，最早只是担心产品的交互是不是没做好、设计稿是不是有些问题，后来开始担心产品的迭代方向是否错了、怎么才能更好地增长。再到后来，会担心是否真的为用户解决了问题、有没有商业化前景、团队中每一个人如何才能更好地一起战斗。压力的变化，让我们白了很多头发，但是在这个过程中，我越来越觉得有八个字是解决这些压力的根本，这就是：发现问题，解决问题。

这八个字是产品、用户增长工作的立身之本。只要坚持这八个字，产品经理、用户增长产品经理的路一定会越走越宽，越走越好。